Henri Boulad
Ordne deine Tage in Freiheit

Henri Boulad

Ordne deine Tage in Freiheit

Selbstverwirklichung und Erlösung

Aus dem Französischen
von Hidda Westenberger

2. Auflage 1992

Herold Verlag Wien

Imprimi potest: Provinzialat der Gesellschaft Jesu
Wien, am 8. Mai 1987

CIP-Kurztitelmeldung der Deutschen Bibliothek

Boulad, Henri:
Ordne deine Tage in Freiheit
Aus d. Franz. von Hidda Westenberger. – Wien:
Herold-Verlag, 1987.
   Einheitssacht.: L'homme face à sa liberté dt.
   ISBN 3-7008-0331-1
2. Auflage 1992

© 1987 by Herold Druck- und Verlagsgesellschaft m. b. H., Wien
Umschlagentwurf: Gerri Zotter
Druck: Herold, Wien 8

ISBN 3-7008-0331-1

INHALTSVERZEICHNIS

Die Freiheit – Wirklichkeit oder Illusion?
7

Göttliches Gesetz und menschliche Freiheit
20

Die Angst vor der Freiheit
32

Das Engagement – Die Freiheit des Ja
44

Die Hölle – Die Freiheit des Nein
58

Göttliche und menschliche Freiheit
75

Die Freiheit – Wirklichkeit oder Illusion?

Die Freiheit ist zu einem epochalen Begriff geworden, der die Menschen vor größte Probleme stellt, weil er die meisten Fragen aufwirft. Seit langer Zeit forscht der menschliche Geist nach dieser Freiheit, und er glaubte, sie schon zur Zeit der Renaissance oder während der Französischen Revolution gefunden zu haben, sicher aber in allen Reformbewegungen; und noch immer manifestiert sich die Freiheit mit hellen Trompetentönen aufs neue inmitten einer Menschheit, deren Art es war, den Kopf zu senken und zu schweigen.

Der Mensch scheint erwacht, er bekam Freiheitsbewußtsein; er entdeckte, daß er, wenn er will, ein freies und unabhängiges Wesen sein kann. Heute erfüllt die immer schärfere Forderung nach Mitbestimmung und Selbstbestimmung unsere Lebensatmosphäre. Wie ein explosives Gas dringt sie in jeden Lebensraum, erfaßt alle Bevölkerungsschichten, Altersstufen, sozialen Klassen: die Freiheit der einst kolonialisierten Völker, die Freiheit der arbeitenden Klasse, die Freiheit der Frau, die Freiheit des Kindes; und in vielen weiteren Bereichen menschlicher Existenz wird das Recht verlangt, frei zu sein – und das mit Grund.

Nachdem uns Menschen aber unsere Freiheitsmöglichkeit in wunderbaren Szenen auf der inneren Leinwand erschienen war, stellten wir sie bald schon wieder in Frage, denn nach dem lauten Triumphgesang der sich als frei erkennenden Menschen erhoben seriöse Philosophen und andere gelehrte Männer ihre Stimmen und ernüchterten sie:

„Alles Irrtum! Ihr seid nicht frei. Euer freiheitliches Gehabe heutzutage ist nichts als Spiegelfechterei, denn Freiheit ist Illusion."

Dem großen Soziologen *DÜRKHEIM* wurde im vergangenen Jahrhundert der soziologische Druck bewußt, der in bleierner Schwere auf dem Menschen lastet, und er erklärte ihn als unfrei. Er beschrieb die tiefreichende Macht der verschiedenen Sozialgruppen auf das Individuum und dazu die fest in uns eingravierten Erziehungsnormen, die wir nie mehr loswerden. Wir werden besessen von Außenkräften, sind deren Spielobjekte und keineswegs freie Wesen; jede menschliche Verhaltensweise findet ihre Erklärung in diesem starken Druck von außen. Der Mensch kann nicht frei sein, denn er hängt fest in dieser soziologischen Netzverflechtung, die sein Handeln voll bestimmt.

Nach *DÜRKHEIM* war es *FREUD*, der dasselbe behauptete, wenn er auch weniger die soziologischen Zwänge von außen betonte als den psychologischen Druck von innen. *FREUD* hielt dem Menschen den Spiegel seiner eigenen Vergangenheit entgegen und ließ ihn die Schwere seiner Kindheit dort erkennen. Er behauptete, daß unser angeblich freies Handeln aus den Tiefenschichten des Unbewußten gelenkt würde. Die Psychologie des Unbewußten wuchs zum Fachgebiet heran, das uns unsere Abhängigkeit von der eigenen Kindheit lehrt, also die Fesselung an die eigene Vergangenheit.

Vor einiger Zeit war es der Strukturalismus, der uns unsere gesellschaftliche Erbstruktur auseinanderlegte und uns anhand des Sprachphänomens ebenfalls beweisen wollte, daß wir nicht frei seien; wir sind fest in einen Rahmen eingesetzt, den wir nicht sprengen können, und unser Los ist von vornherein besiegelt.

Die menschliche Freiheit – Wirklichkeit oder Illusion? Die einen versichern sie uns und proklamieren sie in großer Rede leidenschaftlich, die anderen stellen sie ernsthaft in Frage oder negieren sie ganz. Was halten wir davon, und was offenbart uns das Evangelium über den Begriff der Freiheit?

Mit Entsetzen verfolgen wir die Greuelnachrichten eines ansteigenden internationalen Terrorismus, wir hören von Statistiken über Kindesmißhandlungen, von der politischen Folter und anderen Verbrechen an der Menschenwürde. Angesichts dieser Fakten erleben wir unter unseren Mitmenschen zwei Haltungen. Der kategorische Schuldspruch sagt: „Diese Unmenschen sollen ihre Teufelstaten, für die nur sie verantwortlich sind, exemplarisch büßen!" Das verzeihende Mitleid sagt: „Diese bedauernswerten Wesen, arme Opfer ihres Milieus und ihrer Erziehung! Sie sind das Resultat eines Mangels, den wir nicht kennen und deshalb nicht mitreden können! Wenn man sie Kriminelle und Mörder nennt, dann sind wir es alle, sie sind nicht schuldiger als wir, denn wenn sie ihr normales Maß an Liebe und Lebensprinzipien erhalten hätten, dann hätte sich ihr Wesen nicht verdunkelt."

Schuldig oder unschuldig? Ist freies Handeln konkrete Tatsache oder nur schönes Wunschdenken? Glauben Sie nicht, man wäre sich heute über einen Mann wie *HITLER* einig. Die einen nennen ihn den schwersten Verbrecher unserer Menschheitsgeschichte, die andern entschuldigen ihn als einen armen Verrückten, als einen pathologischen Fall – und damit sprechen sie ihn frei. Und wer zeichnet verantwortlich für das Werk, das er hinterließ?

Immer kommen wir auf dieselbe Frage zurück: Existiert diese Freiheit überhaupt, die wir suchen? Vielleicht ist das, was wir Freiheit nennen, reine Einbildung, ein fataler Irrtum also? Befrage ich meine eigene Person nach dem Freiheitsprinzip ihrer Existenz, dann herrscht betroffenes Schweigen. Beginnt meine Unfreiheit nicht schon vor meiner Geburt?

– Ich habe nicht gewählt, ins Leben gerufen zu werden. Niemand hat meine Ansicht darüber interessiert, man hat mich ohne meine Einwilligung in die Existenz gestellt. Das ist bereits die erste Herausforderung: Ich lebe, ohne es gewollt zu haben. Wenn ich mein unfreiwilliges Dasein bedenke, dann muß ich eine Ironie darin sehen, denn das JA meines Lebens gab nicht ich, sondern gaben andere für mich, man hat mir keine Wahl gelassen. Ich bin verladen worden und eingeschifft, wie *PASCAL* sagt . . .

– Ich habe meinen Namen nicht gewählt, auch er ist mir von anderen gegeben worden.

– *Ich habe weder meine Eltern noch meine Geschwister gewählt*, auch nicht meine Onkel und Tanten sowie meine gesamte Verwandtschaft!
– *Ich habe die Epoche nicht gewählt*, sondern ich wurde in sie hineingeboren. Warum ins 20. und nicht ins 15. oder 22. Jahrhundert?
– *Ich habe mein Land und meine Nationalität nicht gewählt*.

Alles, aber auch alles ist mir *gegeben* worden, und es blieb mir nichts anderes übrig, als es hinzunehmen. Wo, bei allem in der Welt, soll hier meine persönliche Freiheit zu finden sein? Wer könnte mich angesichts solcher Schicksalszwänge ein freies Wesen nennen? Und was wir aufzählten, ist noch längst nicht alles! Rechnen wir mit *DÜRKHEIM* sämtliche soziologischen Bestimmungen dazu, die seit meiner Geburtsstunde und bis zum heutigen Tag auf mir lasten, und mit *FREUD* alle „Richtlinien", die man mir im Elternhaus, in der Schule und in der Kirche „eingetrichtert" hat, dann glaube ich es fast, daß all das zusammengenommen meine jetzige Denk- und Verhaltensweise ausmacht, das Wesen, das ich bin. Ich bin dieses Schlingengewirr, in dem ich selber festsitze. Je genauer ich forsche, umso determinierter erscheint mir mein Dasein, d. h., von unzähligen Faktoren bestimmt, die zeitlich weit hinter mir oder tief in meinem Unbewußten liegen, in beiden Fällen für mich unerreichbar.

Und die Gesellschaft, in der ich lebe, gibt mir noch den Rest! Ist sie nicht gerade die Verneinung jeglicher Freiheit? „Gesellschaft" – das seid Ihr! Ihr bedroht meine Freiheit! Wenn ich allein in meinem Zimmer bin, dann tue ich, was ich will. Sobald nur ein zweiter hinzukommt, ist keiner von beiden mehr frei und kann tun, was er will. Fragt die Eheleute! Sind wir zu dritt in einem Raum, dann fühle ich mich noch unfreier, und bei zehn Personen um mich gebe ich es auf, nur an Freiheit zu denken. Bei gesellschaftlichen Veranstaltungen sind es 100 oder 1000 Menschen, die aufeinander Rücksicht nehmen müssen, und eine 5-Millionen-Stadt kann nur funktionieren, weil es die Freiheit des Indivi-

duums nicht gibt. Ist es nicht so? Wir alle erinnern uns noch an freie Fahrt auf freien Straßen. Heute muß ich mich durch eine höllische Verkehrsmaschinerie hindurchquälen und habe das Warten lernen müssen. Die verlorene Zeit gibt mir niemand wieder!... Tagtäglich erleide ich am Steuer meine Unfreiheit, und ich stelle mir vor, daß die Unfreiheit auf diesem Planeten mit jeder Geburt wächst. Wer sich heute noch täuschen läßt, wird demnächst klarer sehen, wenn wir eine Weltbevölkerung von 10 Milliarden haben werden. *FREIHEIT IST ILLUSION.*
Ich bin noch nicht am Ende, denn es gibt noch weitere Freiheitsbeschneidungen, noch andere Determinationen. Schauen wir tiefer und betrachten wir unseren Körper:

– *Ich habe mein Geschlecht nicht gewählt.* Die Natur hat es so für mich entschieden, und meine Lebensform war mir damit vorbestimmt.

– *Ich habe weder meinen Wuchs noch meine Gesundheit gewählt,* also werde ich biologisch bestimmt. Nur zu oft fühle ich, daß ich nicht das leisten kann, was ich gerne möchte, und daß meine Möglichkeiten beschränkt sind. Überall stoße ich an Grenzen, im Sport, beim Essen, in der täglichen Arbeitsleistung. Meine Natur beherrscht mich, sie teilt mir mein Maß zu, wie sie es wünscht, und dabei habe ich oft beträchtliche Schwächen hinzunehmen.

– *Ich habe meine Lebenszeit nicht gewählt,* sondern ich „erwarte" sie, das ist alles, was mir bleibt. Wir sprechen von der Lebenserwartung eines Menschen, und ich weiß, daß es täglich abnimmt! Wo ist hier meine Freiheit?

– Ich bin noch immer nicht am Ende. Schaue ich noch tiefer, dann sehe ich, *daß ich auch psychologisch bestimmt werde,* denn man hat seinen „eigenen Charakter", der einem nicht selten im Wege ist. Oft möchte man ganz anders handeln und kann es nicht. Wieder die Unfreiheit! Es gibt übersensible, nervöse Menschen – Sklaven ihrer Nerven. Es gibt gehemmte, schüchterne Menschen – Sklaven ihrer Schüchternheit. Es gibt ängstliche Menschen – Sklaven ihrer Ängste. Es gibt temperamentvolle, leidenschaftliche Menschen – Sklaven ihrer Leidenschaft – und so weiter. Und all diese geheimnisvollen Tendenzen strömen aus meiner Wesenstiefe, treiben und ziehen mich nach rechts und nach links, nach oben und nach unten, und am liebsten in alle vier Richtungen gleichzeitig. Wo ist meine Freiheit, NEIN zu dieser inneren Zerrissenheit sagen zu können? Ich werde vom Unterbewußtsein gesteuert und vielleicht aufgrund der Unterfunktion der einen oder der Überfunktion der anderen Drüse meines Körpers, denn

– *ich habe auch mein Drüsensystem nicht gewählt.* Die Wissenschaftler lehren mich, daß mein psychologisches Verhalten und entsprechend meine Entscheidungen durch meine Drüsenfunktion bestimmt werden. Also wieder unbewußt regulierende Kräfte tief in meinem Innern, wo ich nicht hinreichen kann, Hormondrüsensäfte kreisen in meinem Blut und wirken auf die verschiedenen Organe ein, man nennt sie deshalb auch „Wirkstoffe". Wer sich einmal mit der raffinierten Verzahnung des menschlichen Drüsensystems befaßt hat, wird erstaunt gewesen sein, bis zu welchem Grad wir von diesen geheimnisvollen chemischen Vorgängen abhängig sind. Dabei handelt es sich um ganz minimale Dosen, ein winziges Sekrettröpfchen mehr oder weniger verändert unser Wesen und Temperament und damit unser Verhalten zur Umwelt. Und wieder fragen wir uns: Wo ist unsere Freiheit?

Die Freiheit allein weist uns als geistige Wesen aus. *Ohne Freiheit kein wahres Menschentum, ohne Freiheit keine Verantwortlichkeit, ohne Freiheit kein Jenseits und kein ewiges Leben.* Ohne Freiheit trieben wir auf den Wellen des Daseins wie Kork oder wie bunte Federn im Wind, dem Zufall wären wir preisgegeben und nichts als Spielbälle in den Armen einer launigen Welt.

Doch ist all das, was wir bisher sagten, w a h r! Wie aber begegnen wir dieser Wahrheit? Mein erster Rat, den ich Ihnen für diese Freiheitsforschung gebe, ist der folgende: Wir dürfen die Freiheit nicht auf der Stufe von Determinismen suchen, in ihnen und zwischen ihnen, sondern eine ganze Stufe höher! Erheben wir uns über unsere Begrenzungen und Vorbestimmungen hoch hinaus, denn die Freiheit lebt und wirkt in einer anderen Dimension, sie gehört einer anderen Ordnung an.

Ich kann die Freiheit sehr wohl als ein Handeln ansehen, das durch alles vor und hinter ihr Liegende gerechtfertigt wird, und dennoch fühle ich im Augenblick meines Handlungsaktes mein willentliches Wirken. Ich bin mir voll bewußt, daß ich allein handle und daß ich allein dafür verantwortlich bin. Stellen Sie sich in meiner Hand ein Blatt Papier mit Notizen vor. Bin ich frei, es so zu drehen, daß die Wörter auf dem Kopf stehen, und wenn ja, warum? Oh, Sie könnten mir viele Gründe dafür angeben – und ebenso viele Gründe, weshalb ich diese Seite so liegenlassen kann, wie sie liegt. Ich bin ganz frei. Für jeden Handlungsakt und für jede Handlungsunterlassung gibt es einleuchtende Gründe, *das Wesentliche ist aber der Moment der freien Entscheidung:*

„Sei es, wie es wolle, jenseits aller Beweggründe treffe ich jetzt meine Entscheidung und handle ganz nach meinem Willen."

Beweisen läßt sich die Freiheit nicht, sondern *sie erweist sich selbst*. Ich kann Ihnen nicht beweisen, daß Sie frei sind, niemandem kann ich es beweisen, und niemand kann es mir beweisen. Doch ist mir eines möglich: Im Moment meines Wirkens, für das ich mich entschlossen habe, erkenne ich meine Verantwortlichkeit für das Resultat, das mir wie ein Bild vor Augen steht. *Und das ist die lebendige Erfahrung der Freiheit.*

Unsere Freiheit besteht nicht darin, unseren Determinismus zu fliehen, sondern ihn auf uns zu nehmen und voll zu bejahen. Die Freiheit wird dort angetroffen, wo alle Determinationen zusammenfließen, an diesem Kreuzpunkt, der alle Linien vereint. Ich vollziehe dann einen wahrhaft freimenschlichen Akt, wenn ich fähig bin, alles Sperrige in mir und um mich her zu akzeptieren. *Der Fliehende ist nicht frei.* Freisein ist Annahme all dessen, was man ist und was man hat – oder was einem mangelt! –, um sich darüber zu stellen.

Das sind keine Abstraktionen. Ich gebe B e i s p i e l e : Ich bin verheiratet. Ich habe meine Frau oder meinen Mann gewählt, und von dieser Wahl wird nun mein ferneres Leben bestimmt. Ich betrachte meine Wahl, die ich vollzogen habe, als eine freie Wahl, doch wahrhaft frei werde ich erst dann, wenn ich dieser Wahl auch innerlich voll zustimme, d. h., sie voll angenommen habe: *Ich nehme alles an, was diese Wahl mir gebracht oder genommen hat.*

Hier sind wir beim Einfachsten, denn schließlich habe ich meinen Partner frei und bewußt gewählt, sodaß mir der Rest nicht schwerfallen dürfte... Komplizierter wäre das Beispiel jener Frau, die ihre Weiblichkeit nicht akzeptieren kann; sie möchte ein Mann sein. Ich kenne solche Fälle. Diese armen Frauen vertun ihr Leben damit, sich zu wünschen, ein Mann zu sein und ein Männerleben zu führen. Solange sie ihre Bestimmung als ein Joch durchs Leben schleppen und sich als Gefangene ihres Geschlechts verstehen, können sie natürlicherweise nicht frei werden, sondern sie führen ein Sklavenleben, ein freiwilliges Sklavenleben. Solange sich ihr Wesen wehrt, leiden sie an ihrer Unfreiheit und entschuldigen ihr Unglück: „Ich bin der, der ich bin. Ich hab's mir nicht ausgesucht. So ist es mein Los, es zu erleiden." Der reife, erkennende Mensch auf dem Wege in die Freiheit sagt dagegen:

> „Meine Freiheit besteht darin, das zu wählen, was ich bin und wie ich bin. Das schließt Dinge ein, die von Rückgabe oder Umtausch ausgeschlossen sind, und daher entschließe ich mich, ihnen zuzustimmen."

Jetzt werden Sie fragen:

> „Worin besteht denn hier die Freiheit, wenn ich resignierend schlucke, was ich nicht ändern kann? Da bin ich ja unfreier denn je!"

Meine lieben Freunde, die Wahrheit liegt genau im Gegenteil, denn ich kann im Akt meiner Zustimmung meine

Freiheit finden! In den nächsten Kapiteln werde ich darauf zurückkommen, wenn ich die Begriffe „DIE FREIHEIT DES JA" und „DIE FREIHEIT DES NEIN" zu erklären versuche. Hier kommt es auf das WIE an. Nicht nur Annahme, sondern freier Wille, Umarmung, bewußte Wahl. Ich muß lernen, das zu wollen, was ich bin – dann erlange ich wahre Freiheit, doch werde ich immer Sklave dessen bleiben, was ich noch nicht angenommen habe. Lerne ich, unabänderlichen Dingen zuzustimmen und sie damit zu wollen, dann wähle ich sie, und das ist Freiheit. Ich lerne sogar, sie zu lieben, und dabei werde ich ganz frei, denn dieser Sprung ins Jenseits meiner Determination ist eine Gabe an mich selbst. Lernen wir die Lebensbejahung, werden wir Optimisten, liebe Freunde! Lernen wir zu sprechen:

„Wenn eine Tür sich vor mir schließt, dann wette ich, daß sich irgendwo zehn andere öffnen. Ich werde sie suchen und finden!"

Streichen wir aus unserem Vokabular das selbstentschuldigende Wörtchen „wenn". „Wenn die Sachlage anders wäre, dann würde ich..." Nein, auf einen zugebauten Weg fallen zehn offene, weil der Mensch die Fähigkeit hat, seine Fesseln zu sprengen, indem er seine Determinationen überwindet. Das Sprengen ist kein Zerstören, sondern es ist ein Freiwerden, gemeint in der Nutzung und Anwendung der Bestimmungen, unter denen der Mensch leidet. *Hier erschafft sich der Mensch neu, in Freiheit gestaltet er sich selbst.*

Große Künstler lamentieren nicht und kapitulieren nicht vor Hindernissen, sie stellen keine Bedingungen an ihre Lebensumstände oder an ihr Arbeitsmaterial, das ihnen begrenzt oder in vorgeschriebenem Maß zur Verfügung steht. Sie schaffen aus ihrer Welt heraus und machen Unmögliches möglich. Wahre Künstler kennen nicht das selbstentschuldigende Wörtchen „wenn", trotz ungünstigster Umstände verstehen sie, ihr Werk ans Licht zu bringen; *daher nennt man den Künstler einen freien Menschen.*
So stöbert der wahre Freie auch nicht unaufhörlich in

seiner eigenen Vergangenheit herum und beklagt in tiefem Selbstmitleid all die vielen Dinge, die eigentlich hätten sein sollen, ja unbedingt hätten sein müssen. Wahre Freiheit wird erfunden, erschaffen, erworben – und zwar mit dem Material, das jedem das Leben anbietet. Es sind „meine" Mittel, mit denen ich „meine" Freiheit schaffen soll wie ein Künstler sein Werk, d. h. mit dem, was er hat, und mit dem, was ihm mangelt. Dann bin ich nicht nur trotz meiner Determinationen frei geworden, sondern aufgrund dieser, mit ihnen, in ihnen.

Derjenige, der Wartehaltung einnimmt und komplizierte Bedingungen stellt, wird niemals frei werden; er gleicht jenem, der glaubt, nur im Vollbesitz seiner Gesundheit ein freier Mensch sein zu können, nur wenn seine Biologie sich nach ihm richtet und ihn seine Gesundheit in Frieden läßt. *Der andere im Rollstuhl hat ihn längst überholt!* Längst hat dieser sein Schicksal angenommen, vollständig, und ist zur wahren, inneren Freiheit aufgestiegen. *Dasselbe wird bei Inhaftierten einer Strafanstalt erlebt.* Die Menschen draußen sind in ihrer schönen Freiheit oft unfreier als dieser Mann hier hinter Gittern. Wir sind zuweilen bestürzt, einer wahren, inneren Freiheit gegenüberzustehen, die dieser Mensch angesichts seiner Haft – gerade mit ihr und durch sie – erreicht hat und sie alle Tage in seiner kleinen Zelle neu erlebt. Er macht eine Freiheitserfahrung ganz anderer Ordnung, unabhängig von den gegebenen Umständen, jenseits dieses Gefängnisses. Seine Freiheit ist das Resultat eines selbständig, frei-menschlich vollzogenen Aktes. Niemand anderer gab sie ihm, sondern er selbst gab sie sich.

Du mußt verstehen, daß die Freiheit letztlich *ein Glaubensakt* ist, den Du vollziehst. Wenn Du Dich für frei hältst, dann bist Du frei. Wenn Du Dich für unfrei hältst, dann bist Du unfrei und wirst unfrei bleiben.

Ich wiederhole noch einmal: Frei ist derjenige, der *gewählt* hat, frei zu werden. *FREIHEIT IST WAHL.* Als freier Mensch stehe ich vor dieser Wahl. Handle ich aber in der Gesinnung der Selbstentschuldigung, daß ich ein unfreies Wesen sei, dann kann ich mich nicht zugleich verantwortlich für die Konsequenzen meines Handelns fühlen, und das käme einer Entmündigung gleich – durch mich selbst; in meiner „Lebensausrede" weise ich mich als unfreies Wesen aus. *Der Freie bekennt sich dagegen zur Tat und zur Verantwortung.* Er wirft die Schuld nicht auf seine Eltern, seine Lehrer, seinen Lebenspartner, seine Arbeitskollegen, auf seinen Hormonhaushalt, sein Nervenkostüm und sein Drüsensystem, mit all dem er seine Neigungen und Abneigungen erklärt und sich in einer Dauerklage befindet, weil er das alles erleiden muß. Nein, der Freie erkennt *seine Hand im Spiel*, er weiß um seine Willensfreiheit. Bewußt nimmt er alle Hindernisse, die ihm im Wege stehen, auf und nimmt sie mit auf seinen Weg. Mit ihnen, ja gerade mit diesem Instrumentarium verwirklicht er seine persönliche Freiheit, und dann ist er durch seinen Determinismus hindurchgegangen in die Freiheit.

Immer wieder zitiere ich eine asiatische Weisheit:

„Der Mensch ist der Sohn des Hindernisses",

(China)

da sie eine tiefe Wahrheit verkündet. Räumen Sie Ihren Kindern alle Hindernisse beiseite und ebnen Sie ihnen alle Wege, dann schauen Sie später auf Menschenwesen, die traurige Opfer ihrer eigenen Launen und Instinkte wurden. Und warten Sie auch nicht auf die Reibung mit der rauhen Seite des Daseins, indem sie diese dem Schicksal überlassen, sondern stellen Sie selbst Hürden für Ihre Kinder auf und lassen sie sich an ihnen stoßen! Sie werden Zeuge sein, wie Ihre Kinder angesichts der Hürden frei werden, weil sie sich in der Selbstüberwindung üben können. Der Mensch ist tatsächlich der Sohn des Hindernisses, an dem er wächst. Will er ihm entweichen, dann wird es ihn überwachsen, was für ihn noch schmerzhafter ist. Reißt er sich dagegen hoch und geistig über die Barriere hinweg, dann folgt der ganze Mensch nach.

Wir alle wachsen an unseren Problemen, unsere Lebensschwierigkeiten sind mannigfaltig, was wäre eine Biographie ohne sie? Die gesamte Evolution ist eine Kampfbahn voller Hindernisse, und so steht es mit unserem Erziehungswesen, dessen positives Ergebnis nichts anderes ist als die Frucht überwundener Schwierigkeiten.

WACHSEN heißt: Hindernisse überwinden.
WACHSEN heißt: Sich selbst überwinden.
WACHSEN heißt: Trotz versperrter Türen einen Weg finden, meinen Weg.
WACHSEN heißt: Trotz Hindernisse und versperrter Türen mich gestalten.

Meine lieben Freunde, der *beste Rat*, den ich demjenigen geben kann, der nach Freiheit lechzt, ist eine Herausforderung an ihn selbst:

> Verfolge eine große und gute Idee, richte ein *Ideal* vor Dir auf, für das Du aktiv wirst.
>
> Nimm ein persönliches Projekt, Dein Projekt, in Angriff, von dessen Ziel Du Dich ansaugen und schließlich ganz absorbieren läßt.

Wer diese Erfahrungen schon machte, wird wissen, daß ihm bereits am Tage seiner Zielsetzung und seines festen Entschlusses alle Hindernisse hinweggeschmolzen sind, oder sie ließen sich langsam, aber sicher in den steilen Weg integrieren. Das ist praktische Erfahrung, meine lieben Freunde!
Von einem couragierten Menschen dieser Art sagt man dann: „Er kennt nichts!... Zielstrebig geht er seinen Weg." Das ist es! „Er kennt nichts", keine Hindernisse, keine Wenn und Aber, keine Determinationen sind ihm feind, sondern Freund und Helfer für sein Projekt, Baumaterial seines Werkes. „Er kennt nichts", vor allem nicht die Selbstentschuldigung, die ihn keinen halben Schritt über die Startlinie gebracht hätte. Trotz seiner Gesundheit, die nicht die beste ist, trotz seiner Vorbildung, die für dieses spezielle Werk viel zu gering ist, trotz der Mittel, die beschränkt sind, will er sein Ideal erreichen. Und sein Ideal hat ihn über alle Hindernisse hinweggezogen und ins Ziel gebracht. Damit ist

ihm sein *wirkliches Leben* in der *wahren Freiheit* gelungen.

Durch die *WAHL,* die ich treffe, durch das *IDEAL,* das ich im Auge habe, durch das *ZIEL,* das ich mir zu erreichen verspreche, werde ich frei. Hier wird meine Freiheit *real.* Was Illusion zu sein schien, wird jetzt erfahrbare Wirklichkeit.

Das ist unsere Berufung und unsere Würde.

Göttliches Gesetz
und
menschliche Freiheit

Scheinen sich diese beiden Begriffe nicht derart zu widersprechen, daß sie sich gegenseitig aufheben? Entweder bedroht das göttliche Gesetz meine menschliche Freiheit, oder meine Freiheit stellt die Gesetzgebung Gottes in Frage. Wie soll sich meine Eigenschaft, frei zu sein, mit einem Gesetz vertragen, das mir als unabänderlich auferlegt wurde, da es göttlich ist?

Das Wort „Gottesgesetz" entwirft in unserm Innern düstere Bilder. Sollte ich es verdeutlichen, dann würde ich auf den *MOSES* von *MICHELANGELO* verweisen: Sehr ernst und sich der Schwere des Augenblicks bewußt, empfängt er knieend die Gesetzestafeln, „beschrieben vom Finger Gottes", wie es im zweiten Buch Mose heißt, Symbol für das auf den Menschen herabkommende „steinerne" Gesetz. Dazu der „rauchende Berg Sinai", um den es kracht und wetterleuchtet und unter dem die Erde schwankt. *„Die Erscheinung des Herrn war wie ein fressendes Feuer"* – *(2 Moses 24, 17 a).* Dieses schreckenerregende Bild bringt unsere Phantasie nicht nur im Unterbewußtsein mit dem Gottesgesetz in Verbindung, und Sie werden mir sagen:

„Das haben wir doch längst ausgewachsen! Das ist doch Altes Testament!"

Ich bin da nicht sicher, meine lieben Freunde. Ich habe eher den Eindruck, daß sich 95% der Christen noch im Stadium des Alten Testaments befinden, denn die Botschaft des Evangeliums fließt an ihnen ab wie Wasser an der kühlen, glatten Marmorfläche, und demnach gehören sie noch immer dem mosaischen Gesetz an, dem Gottesgesetz der strengen Gebote. Dieses Gesetz findet sich außerhalb von ihnen, d. h., es läuft neben ihrem Leben her, falls es überhaupt eine Rolle für sie spielt. Bestenfalls fühlen sie sich genötigt und zwingen sich, wenigstens einige Gebote zu beachten; dabei besteht die Gefahr der Selbstentfremdung. Das Gesetz verfremdet, es veräußerlicht.

Warum?... Dafür gibt es mehrere Gründe. Zunächst deshalb, weil das Gottesgesetz irrtümlich als das schwerste aller denkbaren Gesetze empfunden wird, denn je stärker die Gottesherrschaft gedacht wird, umso schwächer muß sich der kleine Mensch fühlen und umso tiefer beugt er sich unter diese Autorität. Unsere Mentalität ist dieser Art, wir fügen uns, wir nehmen hin, wir sind Hörige einer gesetzgebenden Gewalt. Diese Erfahrung, die wir im gesellschaftlichen Leben machen, spiegelt sich in unserem Verhalten zum göttlichen Gesetz, das auf uns lastet, wider. Gott wird als der große Patron verstanden, der seine Diener nach eigenem Ermessen beugt.

Und noch ein anderes Konzept lebt in unserem Bewußtsein – die große Prüfung. Gott erwartet das Resultat eines Gehorsamstests und fällt danach sein Urteil. „Höre, Mensch: Das Gesetz ist für Dich verbindlich! Befolge meine Zehn Gebote, und die Himmelstür steht für Dich offen. Andernfalls steht es um Dich schlecht." Man unterschätzt die Zahl moderner Menschen, für die das göttliche Gesetz ein solches Examen darstellt, eine Bewährungsprobe für die ewige Zukunft. Stelle ich Jugendlichen heute diese Frage nach dem göttlichen Gesetz, dann höre ich überwiegend dasselbe:

> „Gott hat uns erschaffen, um uns zu testen; wenn wir durchkommen, gewinnen wir den Himmel, wenn wir's nicht schaffen, sind wir verloren."

Ich muß sagen, daß mir das jedesmal sehr wehtut. Was für eine Gottesvorstellung steht hinter dieser Auffassung, was für ein Weltkonzept haben diese jungen Menschen im 20. Jahrhundert!... Natürlich tragen die biblischen Bilder und Legenden zu diesen Vorstellungen bei. In Paradiesesmitte der Baum der Prüfung mit der verführerischen Frucht:

> *„Von allen Bäumen im Garten darfst du nach Belieben essen. Nur von dem Baume, der Gutes und Böses erkennen lehrt, darfst du nicht essen, denn sobald du davon ißt, bist du des Todes."*
> (Genesis 2, 16-17)

Es ist demnach der Wille Gottes, daß der Mensch sich fügt und keine Fragen stellt – und im Menschen regt sich augenblicklich das Verlangen, diesen Willen zu ignorieren und nach dieser geheimnisvollen Frucht zu greifen. Er überhört das göttliche Gesetz, greift nach dem Verbotenen, und die Strafe ereilt ihn. Das nächste Bild, das sich tief ins menschliche Bewußtsein senkte, ist der Engel mit dem Flammenschwert, der die Sünder aus dem Paradies entfernt. Erbarmungslos waltet das göttliche Gesetz über dem Menschen. Gebote und Verbote bringen Lohn und Strafe, Segen oder Fluch.

Nachdem Gott den Menschen die Zehn Gebote gegeben hatte, mußte er erleben, daß sie wenig nützten, also zusätzliche Vorschriften und Satzungen, für alle Lebensbereiche zusätzliche Verordnungen, die man insgesamt den „Mosaischen Codex" nennt. Lesen Sie in den alttestamentlichen Büchern *LEVITICUS* (3. Buch Mose), *NUMERI* (4. Buch Mose) und *DEUTERONOMIUM* (5. Buch Mose) und beachten Sie diese immense Zahl detaillierter Rechts- und Sittengesetze und alle Ermahnungen, Warnungen und Drohungen, dazu genaueste Vorschriften für das Sündopfer, das Brandopfer, das Speiseopfer, das Dankopfer. Gott wollte den Menschen mit diesen Richtlinien helfen, doch – entschuldigen Sie bitte – hier ist er kläglich am Menschen gescheitert.

Das erinnert mich an das Ägypten der Gegenwart... Ein Gesetz wird auf das andere gepfropft und ein Inspektor über den andern gestellt und ein Ober-Inspektor über die drei und ein fünfter über die vier, um alle neuen Erlässe und Beschlüsse zu wahren. Das Resultat ist gleich Null, denn wenn an der Basis etwas faul ist, helfen keine Gesetze. Zwanzig Jahrhunderte hatte Gott Hoffnung, daß die Gesetze dem Menschen den Weg zeigen könnten, dann zog er den Schlußstrich. In gewisser Weise hat er im Neuen Bund seine eigene Gesetzgebung gelöscht: *DAS NEUE TESTAMENT.* Wir werden nun herauszufinden versuchen, wo wir heute stehen. Nachdem ich jetzt die Situation des Menschen im Neuen Bund entwerfe, mag sich jeder fragen, ob er zu dieser neuen Ordnung gehört oder noch zur alten mosaischen. Dazu stelle ich Ihnen eine Testfrage: Wie würden Sie sich verhalten, wenn Ihnen morgen von kirchlicher Seite versichert würde:

„Ab sofort gibt es keine Sündenschuld mehr, denn *alles ist erlaubt.*"

Stellen Sie sich vor, der Papst hätte überraschend eine Enzyklika herausgegeben – ein Rundschreiben an alle Bischöfe der Welt – in dem zu lesen wäre, daß es weder ein Gottesgebot noch ein Kirchengebot gebe, weil die Sünde abgeschafft wurde. Sie dürfen ab sofort tun und lassen, was Sie wollen. Umarmen Sie die Freiheit!
Welch ein Glück, welch ein Wunder! Die Mehrheit aller Gläubigen würde jubeln: *„Endlich sind wir frei geworden!"* Doch an diesem Punkt genau beginnt das Problem, liebe Freunde... Vielleicht wird diese Enzyklika eines Tages wirklich erscheinen? Nein, denn sie ist bereits erschienen. Nicht der jetzige Papst gab sie heraus, sondern schon vor 2000 Jahren *JESUS CHRISTUS.* Lange vor ihm wurde es von *JEREMIAS* so verkündet:

„Ich schenke ihnen Einsicht, daß sie's merken, daß Ich der Herr bin. Sie dienen mir alsdann zum Volke und Ich zum Schutzgott ihnen, wenn sie aus ganzem Herzen sich zu mir bekehren."
(Jeremias 24, 7)

Keine weiteren Gesetze mehr, sondern eine Eingabe in unsere Herzen, „daß wir's merken", fühlen, wissen sollen!

Der Geist Gottes berührt unser Herz, und mit ihm kommt *das Gesetz des Geistes* über uns, das die mosaischen Steintafeln zerbricht, und das ist etwas vollkommen anderes: *DAS GESETZ DER FREIHEIT.*

Woher hatte Gott denn sein ursprüngliches Gesetz und seine Gebote genommen? Wie hatte er sie erfunden, worauf gründeten sie sich? Weit davon entfernt, das willkürlich verfügte Dekret einer allmächtigen Obrigkeit zu sein, sind seine Gesetze nichts als der verbale Ausdruck unserer Natur- und Weltgesetze. Gott hat eine Welt geschaffen, die System hat, die sich nach einer Ordnung richtet, also nach Gesetzen. Tief im Innern der Natur und tief im Herzen des Menschen finden wir das *arbeitende Gottesgesetz, welches unser Weltgesetz ist.*

Diese Tatsache sollte der geistbegabte Mensch eigentlich längst allein herausgefunden haben! Wieso hat er göttliche Gesetze nötig, um die göttlichen Gesetze zu erkennen? Eigentlich hätte er keine mosaischen Gesetzestafeln brauchen sollen, um in Stein graviert zu lesen, daß der Gottesgeist in ihm wirke. Der Mensch hätte nur in sich gehen müssen, um eben diese göttlichen Gesetze im eigenen pochenden Herzen zu entziffern, denn sie sind in sein Innerstes eingeschrieben, wir selbst sind Träger dieser Gesetze.

Und wieviele Nichtgläubige leben nach dem göttlichen Gesetz, wie es *PAULUS* gleich im ersten Kapitel seines Briefes an die Römer schreibt! Nichts wissen sie von einem göttlichen Gesetz, das irgendwo in Heiligen Schriften formuliert worden ist, und dennoch leben sie dieses Gesetz, weil es in ihnen ist, in ihnen allen, *in jedem Menschen.*

„Da kam das wahre Licht, das jeden Menschen erleuchtet, in dieser Welt."   (Johannes 1, 9)

Das *WORT*, das jedes Menschenherz erleuchtet, ist dasselbe *WORT*, von dem *MOSES* zu seinem Volk sprach und das durch die Propheten sprach und schließlich durch *JESUS VON NAZARETH*. Es ist derselbe *LOGOS*.

Das mosaische Gesetz war also nichts anderes gewesen als die äußere Darstellung dieses inneren Gesetzes, das jeder Mensch in sich trägt, denn man könnte sagen, daß die Ordnung Gottes der Ordnung der Welt entspricht, beide Ordnungen greifen ineinander, sie gehen ineinander über. Einmal nennen wir sie „*Verordnung*", ein anderes Mal „*innere, natürliche Ordnung*", und in beiden Fällen handelt es sich um eine „*Anordnung*" des göttlichen Geistes.

Indem Gott sein Gesetz durch den erleuchteten MOSES verkündet hatte, ließ er dem Menschen sagen, daß er im Einklang mit dem inneren Mechanismus der eigenen Natur leben muß, um wahrhaft Mensch zu werden. Nie und nimmer wollte das göttliche Gesetz die sture Befolgung eines äußerlich aufgezwungenen Gesetzes fordern. Vielmehr sollte der Mensch anhand der ihm gegebenen Richtlinien zur Überzeugung gelangen, daß er dem Gesetz des eigenen inneren Wesens harmonisch folgen soll, dann wird er wahrhaft Mensch, dann verwirklicht er sich. Es ist ein schwerer Irrtum zu glauben, man trüge mit dem göttlichen Gesetz eine Last durchs Dasein, nein, dieses Gesetz annehmen heißt nichts anderes, als sich selbst annehmen und verwirklichen.

Nach dieser Einsicht wird sich der Mensch nicht mehr vom göttlichen Gesetz stranguliert fühlen. Sobald er es in seiner eigenen Wesenstiefe erkannt und angenommen hat, braucht er kein äußeres mehr, dieses mag jetzt an ihm vorübergehen, es verliert für ihn seine Existenz.

„Alles ist erlaubt, doch es nützt nicht alles; alles ist erlaubt, doch nicht alles ist erbaulich."
(1 Korinther 10, 23)

Der reifende Mensch lernt selbst entscheiden, was für ihn gut ist und was er sich erlauben kann, aber auch was für ihn schlecht ist und was er sich verbieten muß. Der Fortgeschrittene weiß genau, was ihn fördert und was ihn hemmt oder gar zerstören könnte. „Alles ist erlaubt", schrieb PAULUS schon vor unendlich langer Zeit, alle Wege stehen uns offen, damit wir uns selbst aufbauen können. Das ist *das Gesetz des Lebens und des Wachstums, das Gesetz der*

Freiheit, das Gesetz der Weisheit. Der jetzt verstehende Mensch hat den Knechtsstand verlassen, er ist *frei geworden.* Er ist eingegangen in die FREIHEIT DER GOTTES-KINDSCHAFT.

Hören wir CHRISTI Einladung zur Freiheit:

„Ihr seid Meine Freunde, wenn ihr tut, was Ich euch auftrage. Ich nenne euch nicht mehr Knechte, der Knecht weiß nicht, was sein Herr tut. Freunde habe Ich euch genannt, denn Ich habe euch alles geoffenbart, was Ich von Meinem Vater gehört habe." (Johannes 15, 14-15)

Was bedeuten diese Abschiedsworte JESU? Sie wollen sagen: Solange ich Knecht bin, gehorche ich, ohne zu verstehen; ich gehorche, weil man mir den Gehorsam befiehlt. Bin ich aber Sohn oder Freund, dann spricht der Meister in einem andern Ton zu mir, denn ich bin nicht Diener. Er legt mir seine Pläne und Absichten auseinander, ich bin sein Eingeweihter, sein Freund. In *JESUS CHRISTUS* hat Gott seinen Weltplan vor uns aufgeblättert und ihn einsehen lassen und uns durch *PAULUS UND JOHANNES,* die diese grandiose Zukunftsvision in *JESUS CHRISTUS* erfahren durften, teilnehmen lassen. In den Evangelientexten liegen vor unseren Augen die Absichten Gottes ausgebreitet. Wir fühlen uns nicht wie Spielfiguren von ihm übers Brett geschoben, sondern mitgenommen ins Hauptquartier, wo er uns seine Pläne zeigt und uns Richtung und Ziel der Evolution wissen läßt, und vor allem lehrt er uns dort die Notwendigkeit *unserer Beteiligung:*

„Kommt! Laßt uns gemeinsam schaffen und fühlt euch vollkommen frei dabei, denn ihr seid freie Wesen!

Ihr kennt jetzt meinen Plan für die Welt und für euch Menschen, und ihr wißt, daß ich euch brauche. Überlegt und kalkuliert mit mir, erfindet und gestaltet mit mir, bewegt Herz und Sinne und seid mit mir gemeinsam für das große Ziel aktiv."

Nein, wir sind keine „Diener Gottes", wie es leider immer wieder heißt, sondern seine *Mitarbeiter* an der Verwirklichung des *EINEN ZIELES*. Ein hinreißender Gedanke, ein erhebendes Gefühl, hier darf uns der Stolz zur Tat beflügeln. Doch warum hat sich die Menschenwelt noch nicht in diesem Geist entfaltet und ist in dieser Erkenntnis in globaler Einheit aktiv geworden? Die Antwort ist einfach und tragisch zugleich:

> Weil sich die Menschheit nicht für den Heilsplan Gottes interessiert, weil sie die heiligen Offenbarungstexte *JESU CHRISTI* nicht hören will.

Entschuldigen Sie eine Frage, die Ihnen nicht angenehm sein wird:

> Wer kennt den Apostel *PAULUS?*
> Wer hat die *PAULUS*-Briefe so gründlich gelesen, daß ihm der Inhalt vertraut ist?
> Wer kennt die paulinische Botschaft und hat aus ihr das *einzig Wesentliche* für Mensch und Welt gelernt?
> Wer hat sich einweihen lassen von diesem Eingeweihten *CHRISTI?*"

Bitte glauben Sie nicht, daß *PAULUS* – dieses Genie! – veraltet sei, überholt von neuen Denkweisen, aus der Mode für den modernen Menschen. Nein, seine Botschaft ist *volle Gegenwart* und zugleich ganz zukünftig. *Niemand vor und niemand nach PAULUS hat meisterhafter den göttlichen Weltplan dargelegt.*
Meine lieben Freunde, wie sollen wir als Mitarbeiter Gottes an diesem Werk teilnehmen können, wenn wir Plan und Ziel nicht kennen. Ziehen wir es etwa vor, Menschen des *ALTEN TESTAMENTS* zu sein und uns freiwillig unter das Diktat göttlicher Gebote zu stellen, weil das einfacher ist? Und wenn wir fehlen, dann gehen wir zur Beichte, das ist wesentlich bequemer und weniger anstrengend, als sich

mit *PAULUS* auseinanderzusetzen... Wir befinden uns, wie ich anfangs sagte, noch im Stadium des *ALTEN TESTAMENTS*, wir leben aus Bequemlichkeit nach diesen Konzepten und denken noch in diesen Kategorien. Und *CHRISTUS* sagt uns:

> *Bitte laßt mich in Ruhe mit euren Zehn Geboten! Bin ich denn umsonst zu euch gekommen, um nur zu wiederholen, was Moses längst zu euch gesprochen hat? Aus ganz anderen Gründen habe ich unter euch gelebt. Unter anderem wollte ich euch sagen, daß es andere Dinge für euch zu tun gibt, als eure Sünden zu analysieren...*
>
> *Ein phantastisches Abenteuer erwartet euch, kommt her, schlagt ein, nehmt an! Nehmt an, was ich euch angeboten habe: Werdet Mitarbeiter Gottes! Ich nenne euch nicht mehr Diener, sondern Freunde, denn ich habe euch alles geoffenbart, was ich weiß.*

Gewiß hatte das Gesetz seine Existenzberechtigung, es entsprach einem bestimmten Bewußtseinsstand in der Entwicklung des Menschen. Für eine bestimmte Zeit befindet sich die Statue in der Form, die sie fest umschlossen hält. Doch es kommt der Tag, an dem die Form zerschlagen wird und die fertige Statue hervortritt. Beim Erlernen einer Fremdsprache hängt man lange Zeit in Formeln fest, bis der Sprung in die Freiheit getan werden kann, und man alle Grammatik vergißt. Auf einem neuen Musikinstrument heißt es zunächst sehr fleißig üben und alle Regeln und Gesetze gut beachten, bis man sich eines Tages freigespielt und die Lehrzeit abgeschlossen hat. Jetzt verlieren die vorgeschriebenen Gesetze ihre Bedeutung.

> „*So ward uns das Gesetz ein Erzieher zu Christus, damit wir gerecht würden durch den Glauben*",
> (Galater 3, 24)

schreibt *PAULUS*. Derjenige, der das *NEUE TESTA-MENT* in sich aufnimmt, reift. Er ist nicht mehr auf die Zehn Gebote angewiesen, ganz anders greift er jetzt in die Saiten, denn er beherrscht nun seine Kunst wie ein reifer Violinist. Er ist frei geworden. Und zu dieser Freiheit sind wir alle gerufen, zu einer Freiheit *JENSEITS VON GUT UND BÖSE*, um hier einen Titel aus Nietzsches Werk zu nennen. Das ist sehr, sehr schön gesagt! Durch meinen Glauben an *CHRISTUS* bekomme ich *einen anderen Standort* – jenseits von Gut und Böse. *CHRISTUS* ist dieser freie Mensch, er ist absolut frei von jedem Gesetz, frei von der Meinung der Pharisäer und Schriftgelehrten, frei von seinen Verwandten, frei von seinen Aposteln, frei von der ganzen Welt um ihn. *CHRISTUS* ist der freie Mensch par excellence, der wahrhaft Freie der Geschichte. Seine Freiheit ist etwas ganz Außerordentliches und sehr Reines; klar und hell wie eine Sonne steht sie über jedem Wort des Evangeliums. Und *CHRISTUS* ist gekommen, um den Menschen in die Freiheit zu führen, indem er seine Freiheit offenbarte und vorlebte.

„Aber es steht doch geschrieben, daß man den Sabbat heiligen muß!"... *„Laßt mich in Ruhe mit eurem Sabbat!"*... Vergessen wir nicht, daß es sich hier um das dritte Gebot handelte, das *CHRISTUS* demonstrativ überging. Ganz schlicht sagte er: *„Übrigens ist der Menschensohn auch Herr des Sabbats"* – (Markus 2, 28).

Das ist keine Kleinigkeit. Er wirft eins der Zehn Gebote beiseite und stellt sich darüber, und genau damit führt er uns in die neue Dimension. Der Mensch, der im Geiste lebt, lebt jenseits des Gesetzes, sogar jenseits des göttlichen Gesetzes. Das erklärte *PAULUS* bereits den Römern:

„Nun aber sind wir des Gesetzes ledig, weil wir dem, was uns in Banden hielt, gestorben sind. Wir dienen also in einem neuen Geist und nicht nach veralteten Gesetzesvorschriften." (Römer 7, 6)

Kein Gesetz mehr, denn wir haben den Geist erhalten!

„Der Sabbat ist des Menschen wegen da und nicht der Mensch des Sabbats wegen." (Markus 2, 27)

Der Mensch ist nicht des Gesetzes wegen da, sondern das Gesetz des Menschen wegen, *und das Gesetz verfolgt ein Ziel: die Befreiung des Menschen.* Wenn das nicht erkannt wird, dann wird leider genau das Gegenteil empfunden – die Tyrannei des Gesetzes, also Druck und Knechtschaft. Zu den Pharisäern wie zum ganz armen Gottesvolk, das unter der Gesetzeslast litt, sagte *JESUS: Genug davon, es hat euch lang' genug gequält.*
Hatten sie es verstanden? Haben wir es nach einer 2000jährigen Meditation dieser Christus-Botschaft verstanden?... Leider nicht, meine lieben Freunde. Das ist die Tragik. Entweder sind wir zurückgefallen in die Vorstellungswelt längst vergangener Zeiten, oder wir ignorieren beides, das Alte wie das Neue, denn *das Böse breitet sich aus in der Welt* wie eine giftige Flechte. *Die Menschheit muß in sich gehen, indem sie das Evangelium ernst nimmt und ihren Kurs ändert, und das beginnt damit, das Evangelium zu lesen und verstehen zu wollen.* Kontemplieren wir darin den *FREIEN MENSCHEN JESUS,* unser Vorbild, und beten wir für die Gnade des Glaubens, der uns abzulösen hilft vom Gesetz des Alten Bundes, um *JESU Jünger* zu werden! Er wartet, daß wir aufbrechen in eine Neue Welt, in der ein ganz neues Gesetz Geltung hat, und das nur aus einem einzigen Wort besteht:

„LIEBT!"

Ein neuer Geist – eine neue Dimension – ein neues Leben. DAS IST SEIN GEBOT, NUR DAS EINE, ES IST ZUGLEICH DAS ERSTE UND DAS LETZTE GEBOT DES NEUEN BUNDES...

Und der heilige *AUGUSTINUS* fügt hinzu:

„Liebt!... Ansonsten könnt ihr tun und lassen, was ihr wollt",

denn wenn Du liebst, dann tust Du immer den Willen Gottes und lebst im Einklang mit dem göttlichen Weltgesetz, das sich in dieses eine Wort verdichten läßt: „Liebt!" Es wird einfließen in Dein persönliches Leben und dort alles verändern. Keine Instanz braucht Dir dann mehr auf die Finger schauen, kein Gesetz wird Dich gegen Deinen Willen zwingen, sondern alles, was Du tust, wird im Sinne Gottes sein. Das göttliche Gesetz, das sich auf diesen Liebesappell reduzieren läßt, ist zugleich *das Signalwort zur Befreiung des Menschen.*

Nur durch die *Liebe* steigt der Mensch auf zur wahren Freiheit, welche die *Freiheit des Geistes* ist, mit der wir Christen bereits getauft wurden. Dieser Geist lädt uns ein, er lockt und wirbt um uns, damit wir die

CHRISTUSFREIHEIT

begreifen und leben lernen.

Die Angst vor der Freiheit

Im vorhergehenden Kapitel beschäftigte uns die Freiheit Christi, die uns in der Offenbarungsbotschaft des Neuen Bundes verkündet wird. Es scheint jedoch, als ob wir eine instinktive Angst gegen diese Freiheit entwickelt hätten. So ist es merkwürdig zu beobachten, wie der Mensch im Grunde mit allen Fasern seines Wesens nach der Freiheit strebt, aber in dem Augenblick, in dem ihm dieses Geschenk in die Hände gelegt wird, läßt er es fallen.

„Die Freiheit ist kein Privileg, sondern ein Bewährungstest." (Lecompte du Noüy)

Im allgemeinen glauben wir, es sei ein Kinderspiel, frei zu sein; in Wahrheit ist es jedoch äußerst schwierig! Die Freiheit hat ihr Gewicht und kein geringes, sie bedeutet eine Last für den Menschen, fast scheint sie seine Existenz zu bedrohen. Die komplizierteste Gabe, die dem Menschen gemacht werden kann, ist die Gabe seiner Freiheit, eine zweischneidige Sache, und daher legt er sie – aus den Händen Christi nehmend – schnell wieder zu Füßen staatsbürgerlicher und kirchlicher Obrigkeiten.

Man könnte sich fragen, ob die Kirche nicht in gewisser Hinsicht *CHRISTUS* und das Evangelium verraten habe, als sie der natürlichen Tendenz des Menschen nachgab, sich weiterhin als Diener der Autoritäten zu verstehen. *CHRISTUS* war doch erschienen, um den Menschen zu befreien, aber dann bildete sich eine starke Kirche heran, die gewissermaßen das *ALTE TESTAMENT* wieder aufleben ließ. *CHRISTUS* war doch gekommen, um das Gesetz abzuschaffen, aber dann wuchs eine Kirche heran, die es mit zahllosen Reglementierungen und Verordnungen nicht nur sorgfältig von neuem etablierte, sondern durch einen umfangreichen Rechtskanon und einen komplexen Moral-Codex geradezu überperfektionierte. Dem Menschen muß, so meinte die Kirche, eine solide Struktur gegeben werden, in der er leben kann, und vermutlich zügelte und gängelte diese Struktur ihn nun mehr als je zuvor. Wo waren die Zeichen der Befreiung Christi zu finden? Im christlichen Mittelalter erreichte diese Entwicklung ihren Höhepunkt, indem die Kirche ihre Obergewalt noch über Fürsten, Könige und Kaiser erhob, und sie regierte ein großes Volk, das ihrer Herrschaft voll ergeben war. Hier möchte ich eine Episode aus *Die Brüder Karamasow* von DOSTOJEVSKI nacherzählen und dabei *die Gestalt des Großinquisitors* besonders beleuchten.

Wir befinden uns im 16. Jahrhundert in der spanischen Stadt Sevilla. Die Inquisition – ein Sonderkommando der Kirche zur Aufspürung der Häretiker – verfolgt diese bis in ihre letzten Verstecke, ergreift sie, wirft sie in Gefängnisse und foltert sie, bis sie widerrufen. Nur wenn man sicher ist, daß sie ihr Fehldenken wirklich erkannt haben, läßt man sie frei.

Wer also nicht diplomatisch genug war, die Politik der Kirche mitzuspielen, hatte sich zu verantworten, und auf hartnäckige Ketzerei stand die Todesstrafe durch Galgen oder Scheiterhaufen. Eine schwarze Seite in der Chronik der Kirche, die man gelegentlich aufschlagen sollte, um diese furchtbare Wahrheit zu akzeptieren.

Den Chef dieser kirchlichen Geheimpolizei nannte man den Großinquisitor. Der Dichter *DOSTOJEVSKI* läßt vor den Augen dieses großen, hageren Mannes plötzlich *CHRISTUS* in Fleisch und Blut erscheinen. Dieser segnet die armen, verschüchterten Menschen, er heilt die Kranken und küßt die Kinder – und er predigt der Volksmenge: *„Ihr seid frei!"* JESUS offenbart den Menschen, daß sie frei sind, vollkommen frei.

Das Volk, das ihn als *JESUS* erkennt, jubelt ihm zu: „Jesus aus Palästina, Du bist es! Diesmal erscheinst Du in unserer Stadt!" und der Großinquisitor wird Zeuge dieses Geschehens auf dem Vorplatz der großen Kathedrale von Sevilla, umgeben

von seinen bewaffneten Männern und Häschern. Er betrachtet diesen Mann und fragt sich: „Was macht dieser da? Welches Recht nimmt er sich heraus, das Volk aufzuwiegeln? Wie wagt dieser, unsere Polizeiverordnung zu ignorieren und die kirchliche Hierarchie zu übergehen? Die Kirche muß sofort einschreiten!"
Eine Geste des Großinquisitors genügt, und *JESUS* ist gefaßt, er zeigt keinen Widerstand. Das Volk war ängstlich zur Seite gesprungen und hatte sich dem Geschehen gebeugt, so wie man es gewöhnt war. *JESUS* wird abgeführt, man wirft ihn ins Gefängnis.
Am nächsten Morgen steigt der Großinquisitor zu einem Gespräch unter vier Augen in das tiefe Gewölbe hinunter und steht dort *JESUS* gegenüber. „Bist Du es wirklich, oder bist Du ein anderer? Du bist es!" *JESUS* lächelt und schweigt.
Der Großinquisitor fährt fort: „Und was willst Du, wenn ich fragen darf, was hast Du vor in Sevilla? Du störst uns, denn Du kommst erheblich zu früh! Schon einmal bist Du gekommen, um den Menschen die Freiheit zu predigen, doch Du hast damit viel Verwirrung und Unruhe gestiftet und bis zum heutigen Tag Probleme gesät. Glaube uns, der Mensch ist nicht für die Freiheit gemacht, er hat ein elementares Unterwerfungsbedürfnis, er verlangt nach Obrigkeiten, an die er sich hingeben kann. Siehst Du nicht ein, wie kläglich Du gescheitert bist? Dafür hat man Dich ja schließlich gekreuzigt! Glücklicherweise hast Du vorher der Kirche Vollmacht verliehen, denn wir Kirchenmänner wissen, wie wir mit dem Menschen umzugehen haben, wir kennen ihn gut. Mit straffer Hand will er geführt sein, er braucht feste Gesetze und Richtlinien, er hat sehr bestimmte Normen nötig, um sich im Leben durchzufinden. Was willst Du also hier? Vor allem heute? Hast Du nicht gesagt, Du kommst erst am Ende der Zeiten?"
JESUS lächelt und schweigt.
(Frei erzählt nach *DOSTOJEVSKI*)

Ja, meine lieben Freunde, wir sind daran gewöhnt, wie Kinder an die Hand genommen zu werden und die Farben so zu sehen, wie sie uns von anderen beschrieben werden. Zwischen Gut und Böse entscheiden nicht wir, sondern höhere Instanzen, die entsprechend unser Handeln veranlassen oder es uns untersagen. Genau diesem Zustand wollte jemand ein Ende machen – sein Name ist *JESUS CHRISTUS*. Er kam, um den Menschen in die Freiheit zu entlassen, und tatsächlich folgten Reformbewegungen jeglicher Art, die zunächst immer einen Bruch mit der Autorität oder mit dem Gesetz darstellten, mit der Monarchie, mit der Kirche oder mit anderen Institutionen und Führungen. Im Grunde aber hat der Mensch *Angst*. Immer wieder fällt er zurück, duckt sich und bietet von neuem seine Freiheit feil.

Sehen wir uns in unserer gegenwärtigen Welt nach solchen Beispielen um:

– Auf dem *wirtschaftlichen Sektor* sind wir Gefangene der großen multinationalen Gesellschaften, der Trusts, Kartelle, Konzerne, die für uns schalten und walten, ohne daß wir selbst rechnen und kalkulieren müssen, und alle unsere Bedürfnisse werden befriedigt. Gigantische, weit verzweigte Industrieunternehmen haben den Globus überzogen und regieren unsere Weltwirtschaft. Der Einzelne hat sich demnach an diese internationalen Machtträger verkauft.

– Wir leben im *Zeitalter der Versicherungen*. Sozialversicherungen, Krankenversicherungen, Altersversicherungen, Unfallversicherungen, Invaliditätsversicherungen, Reiseversicherungen, Hausratsversicherungen – und mehr. Man ist versichert, sogar mit einer Lebensversicherung gegen den Tod, denn der heutige Mensch hat *Angst;* er bittet die Gesellschaft, ihn zu schützen und ihm optimale Sicherheit zu gewähren. Früher waren die Menschen bei der Kirche versichert, die ihnen das Jenseits versprach und ihnen Ablaßzettel verkaufte. Heute verkaufen die Versicherungsanstalten ihre Polizzen, denn die Menschen glauben nicht mehr ans Jenseits und wollen wenigstens für dieses Leben gewisse Garantien. Immer ist der Mensch besessen von diesem Verlangen, sich gegen alles zu schützen und zu versichern.

– Wir wollten *eine Konsumgesellschaft* schaffen, und nun haben wir sie! Damit verkaufen wir uns an immer verfeinertere Nahrungsmittelprodukte, an immer raffiniertere Toilettenartikel, an immer unsinnigere Schönheitsmittel und an vieles andere mehr. Ein kleiner Schaufensterbummel über den alexandrinischen Boulevard Saad Zaghloul genügt, um zu begreifen, welchen Grad von Sklaverei wir inzwischen wieder erreicht haben. Der weite Rachen dieses Ungeheuers „Konsumgesellschaft" ist dabei, uns alle miteinander zu verschlingen. Alle wissen wir das längst, jeder weiß, welches Stück hier gespielt wird, und alle spielen wir mit.

– Eine weitere Art moderner Sklaverei ist *die Mode-Tyrannei*, die alles erfaßt hat bis hin zum streng vorgeschriebenen Zentimeter Länge oder Weite salopper Teenager-Jeans! Man hat seine feste Rolle zu spielen, um angenommen und bestätigt zu werden, und die entsprechende Kleidung spricht ihre Sprache – sie ist Werbung. Man ist Sklave der Meinung der anderen, und es gibt wenig Menschen, die den Mut aufbringen, das zu tragen, was ihnen gefällt und worin sie sich wohlfühlen, und denen es gleichgültig ist, welcher „Look" gerade diktiert wird.

– *Die Gesellschaft hat diverse Rollen an uns verteilt,* und jeder spielt die seine gehorsam nach ihrem Willen. Das beginnt schon in der Jugendgruppe, in der sich ein Zwölfjähriger nicht nur der Gruppenmeinung entsprechend kleidet und benimmt, sondern er fühlt und denkt auch wie sie; und als Erwachsener wird er nicht weniger Sklave seiner Umgebung sein, er wird sich kleiden und benehmen wie sie, und er wird fühlen und denken wie sie. Frühzeitig wird Feigheit trainiert, man macht sich geschmeidig, um der öffentlichen Meinung genehm zu sein, man knetet seine Persönlichkeit sorgfältig zurecht, sogar sein ureigenstes Denken und seine naturgegebene Originalität, um sich gut überall anpassen zu können und leicht mit dem Strom zu schwimmen. Die Angst, frei zu sein. Die Angst, man selbst zu sein.

– *Auf politischer Ebene* wird das totalitäre Regime einhellig verabschaut, obgleich sich diese Regierungsform in der gesamten Welt auf dem Vormarsch befindet, denn ob man sie „Volksdemokratie" oder „Diktatur" nennt, bleibt sich letztlich gleich. Wer aber trägt die Verantwortung? Wir alle, denn wir alle verkaufen uns! Wir verzichten auf unsere Freiheit und wünschen sie anderen zu Füßen zu legen. Der Nazismus, der Faschismus, der Kommunismus und alle sonstigen Diktaturen existieren nur deshalb, weil der Mensch – bis auf einzelne Ausnahmen – nicht genügend Courage besitzt, den Kopf zu heben und seine Freiheit zu proklamieren. Wäre der Mensch inzwischen reif und stark geworden, dann gäbe es diesen Volksmut. Doch er ist noch immer schwach, er flieht vor der Freiheit, er hat *Angst*. Ich empfehle Ihnen sehr das Buch von *ERICH FROMM* „Die Furcht vor der Freiheit". Er behauptet darin, daß Diktaturen aus einem instinktiven Volksverlangen nach starker Führung geboren werden, sonst schafften sie den Durchbruch nicht. Im Grunde ist das eine Art Masochismus, denn hier „wünscht" der Mensch, daß sich das Böse, das er in sich trägt, äußerlich manifestiere und ihn dann beherrschen soll. Die Psychologen haben seit langem nachgewiesen, daß der Mensch ein Kriechtier ist; er hat die Tendenz, sich vor einem andern hinzuwerfen und über sich verfügen zu lassen. Die Angst, man selbst zu sein.

– Ein anderer Bereich, psychologisch oder physiologisch, ist die *Sexualität*. Unsere Epoche ist die Epoche der sexuellen Lust und des sexuellen Spiels – und das bis zum Grad der Selbstauflösung und des Untergehens im Partner. Das ist die Urvorstellung der Vereinigung, in der ein menschliches Wesen sich in einem euphorischen Traum zu vergessen und zu verlieren sucht – die Sehnsucht, im andern zu ertrinken. Und hier reicht sich der Sex mit der *Droge* die Hand, beide haben in heutiger Zeit dieselbe Bedeutung, beide verfolgen dasselbe Ziel: die Selbstauflösung, die Bewußtlosigkeit, das Aufgehen im Unbestimmbaren und im Unbegrenzten. Es handelt sich hier um eine Art Kunstgriff, um sich in den mütterlichen Leib zurückzumanipulieren, behaupten die Psychologen, und sie haben recht. Der Mensch will aus der Wirklichkeit wegschmelzen und alles vergessen. Die Flucht vor sich selbst.

– *Im religiösen Bereich* verhält sich der heutige Mensch nicht anders, hier findet diese Flucht ihren Niederschlag in der ununterbrochenen Erfindung neuer Götter, um sich hinter ihnen zu verschanzen. Gott selbst ist abgesetzt, er existiert nicht mehr, doch werden wir Menschen von einem fundamentalen Naturtrieb geleitet, dem Trieb der Anbetung. Was aber nun, wenn Gott abgeschafft wurde? Wem könnten wir uns jetzt hingeben, wen anbeten? Oh, der Mensch ist erfindungsreich! Er erfindet seine Idole! Hundertfältig sind die Götzen unserer Zeit – von der Haltung exotischer Haustiere über die Sammlerleidenschaft für ausgefallene Objekte bis zum gepflegten Starkult. In früheren Tagen hingen daheim an den Wänden Bilder biblischen Inhalts: das Abendmahl, der segnende Christus, Maria mit dem Kind. Sie haben Platz machen müssen für neue Götter: Filmstars, Rocksänger und Sportkönige. Ich wurde einmal Zeuge eines leidenschaftlichen Götzendienstes in New York:

> Vor einem Wolkenkratzer traf ich auf eine wogende Menge junger Menschen. Rasend, ganz von Sinnen waren sie, und ich habe sie mir sehr genau betrachtet: Sie schlugen sich, sie bissen sich, ekstatisch verrenkten sie ihre Glieder, zerwühlten ihr Haar, zerrten an ihrer Kleidung, sie schrien, tobten und weinten, ja tränenüberströmt schauten sie voller Sehnsucht hinauf zu diesen Fenstern...
>
> Ich verstand nichts und bekam auf meine Frage, was denn Furchtbares passiert sei, die Antwort: „In der 7. Etage sind die Beatles."

Das ist unser Trieb der Anbetung, meine lieben Freunde. Der Mensch sucht sich sein Objekt. Diese jungen Menschen hatten ihre Seele an die Beatles verkauft und gingen in ihrem Idol auf, sie waren in Trance, sie vergaßen ihre Existenz. Moderne Sklaverei. Man verschenkt seine Freiheit an die Götter der Zeit.

Eine Stufe höher sind es die asiatischen Gurus, die heute im Westen ihre spirituellen Lehren und Meditationstechniken verbreiten und Hunderte, Tausende, ja Millionen von Menschen um sich zusammenziehen, die sich hingebungsvoll von ihnen fesseln lassen. Mancher von ihnen fordert sogar die vollkommene finanzielle Überschreibung eines Besitzes, Sparkontos oder Erbrechts, wenn der neue Schüler seiner Gemeinschaft beitritt. Er fordert den totalen Freiheitsverzicht, und er bekommt ihn, denn er ist für ihn ein Gott.

Das sind die Erscheinungen unserer Zeit, meine lieben Freunde, eine Jugend in panischer Angst, unfähig, das Prinzip der Freiheit anzunehmen und zu verwirklichen; sie zieht es dagegen vor, sich an die Herrn der Stunde zu verkaufen; dem Erstbesten, der kommt, wird ihre kostbare Freiheit offeriert.

– Neben den Gurus sind es *die zeitgenössischen Philosophen*, deren Echo nicht so oft widerhallt, da sie nur eine bestimmte intellektuelle Schicht ansprechen. Stärker ist die Durchschlagskraft des inzwischen weltweiten Marxismus.

Ist unsere „Freiheit" nicht eher eine gefährliche Lethargie, und sind wir nichts als Schwächlinge, die sich in vollem Bewußtsein ständig vergewaltigen lassen? Die Freiheit wurde uns gegeben, damit wir sie in unsere Hand nehmen und anwenden lernen. Wir haben kein Recht, auf diese Freiheit zu verzichten; auch wenn sie ihr Gewicht hat, haben wir kein Recht, sie abzulehnen. Es ist unsere Pflicht, und es ist unser Programm, frei zu werden, wir haben keine Wahl! Wir müssen dieses Risiko eingehen und die Verantwortung der Freiheit auf uns nehmen – mit allem, was dazugehört.
Den heutigen Menschen verführt wie nie zuvor eine erdrückende Zahl schillernder Angebote, sodaß es ihm verständlicherweise sehr schwer fällt, die rechte Wahl zu treffen. Deshalb muß er lernen wollen zu wählen, indem er zunächst lernt, Affront zu laufen gegen diese Verlockungen. Er muß erkennen, daß er nicht das Recht hat zuzusehen, wie ihm seine Freiheit durch die Finger gleitet und letztlich von einer kleinen Klasse von Technokraten verwaltet wird.

– *Die Handhabung der Atomenergie* entscheidet über Aufstieg oder Untergang unserer schönen Erde, und wer trifft diese Entscheidung? Einige Staatsmänner, einige Technokraten? Nein, der Einzelne hat Mitspracherecht, er ist mündig geworden, es ist seine Pflicht, das Wort zu ergreifen, und er tut es bereits.

– In der *Gen-Manipulation* stehen moderne Wissenschaftler an der Schwelle folgenschwerer Entscheidungen über den biologischen Menschen von Morgen. Auch hier eine absolut neue Wahlmöglichkeit in der Menschheitsgeschichte und überall das Risiko der Freiheit, dem wir uns aber nicht entziehen können.

– Die *Weltraumforschung* stimuliert und provoziert den menschlichen Geist. Ist unsere „Geistesgröße" der Größe der Wahl, die hier fortwährend getroffen werden muß, angemessen? Ist der Mensch groß genug, ins Universum vorzustoßen? Ist er vor allem frei genug?

– Bei uns in Ägypten gilt noch der Brauch, *daß die Eltern die Berufswahl der Kinder übernehmen,* zumindest in überwiegendem Maß. Und dann kommen diese unglücklichen Studenten zu mir, um sich auszusprechen. Sie sagen, sie fühlten nicht die geringste Berufung, Mediziner zu werden, oder hätten keine spezielle Eignung für den Ingenieurberuf, es sei vielmehr die gesellschaftliche Eitelkeit der Eltern, die sie in eine ungeliebte Zukunft steuert. Sie sind an einen angesehenen Beruf verkauft worden, auch wenn er ihnen nicht liegt, fürchten aber, sich von diesen Ketten zu befreien. Sie hungern nach etwas ganz anderem, fürchten aber den Kurswechsel. Wieder die Angst vor der Freiheit, die Angst vor dem Risiko, die Angst vor dem Neuanfang, die Angst vor dem Gerede der Leute, die Angst vor der eigenen Courage.

In allen Lebensbereichen scheint uns die Freiheit abhanden gekommen zu sein, und die Erkenntnis dieser Tatsache fordert uns jetzt heraus. *Der Mensch fühlt sich von seinem Gewissen zur Rede gestellt:*

„Was hast du in deiner Freiheit geleistet?
Wie bist du mit dem kostbarsten Gut verfahren, das *CHRISTUS* dir offenbarte und damit schenkte?"

Der Mensch vollendet sich nur durch eine Reihe von Selbstentreißungen auf seiner Lebensstrecke, bei denen er immer unabhängiger und selbständiger wird, also frei. Die erste Entreißung vollzieht sich beim Verlassen des Mutterleibes, seines irdischen Paradieses, die zweite von der warmen Mutterbrust, die dritte vom behüteten Familiennest zu Schulbeginn. So geht es endlos weiter, ein Abbruch folgt dem andern, wobei sich der Mensch schrittweise verwirklicht und aus dem Individuum eine Person heranreifen kann, die Originalität aufweist und eines Tages eine Persönlichkeit geworden ist.

Doch was offensichtlich vom Menschen angestrebt wird, ist das genaue Gegenteil, *ein Entwicklungsrücklauf ins große Vergessen, ein Rückfall ins embryonale Unbewußte.* Warum fehlt es an Einsicht und Mut, dem Leben in rechter Weise zu begegnen, ihm offen ins Gesicht zu schauen und die eigene Wahl zu treffen und zu verantworten? CHRISTUS ist die große, revolutionäre Macht der Geschichte, er ist der unangenehme Störenfried der menschlichen Gesellschaft, er ist peinlich für sie, denn er würfelt alles durcheinander!... Weshalb? Weil er verhindern will, daß der Mensch dieser schleichenden Tendenz nachgibt, sich zurückzubilden, anstatt zu wachsen; damit der Mensch voranschreite und voll erwache. *CHRISTUS will keine lauwarmen, apathischen Seelen, und deshalb scheucht er uns auf und treibt uns voran:*

„Reiß dich los! Mach dich frei! Auf! Geh!"

So sind alle Berufungen zugleich Entreißungen:

„Und der Herr sprach zu Abraham: Aus deinem Lande, deiner Sippe ziehe fort, aus deinem Vaterhause, ins Land, das Ich dir zeigen werde!"
(Genesis 12, 1)

Immer ist CHRISTUS ein Appell zur Selbstentreißung, denn er weiß, daß wir durch diesen Prozeß unserer Selbstverwirklichung näherkommen, daß wir WIR SELBST werden – und damit *frei*.

Wir sind eingeladen, dieses Abenteuer zu bejahen, und es wird von uns erwartet, daß wir es bestehen. *CHRISTUS* kam zur Befreiung des Menschen, und dabei hat er unsere Freiheit durch Passion und Kreuz *teuer* bezahlt! Hoch war der Preis für sein *Wort der Freiheit,* für sein *Wort der Wahrheit,* für sein *Wort der Gerechtigkeit* angesichts einer Welt der lauen Kompromisse. Dieser Mensch wurde im Alter von 33 Jahren an ein Kreuz geschlagen, weil er sich das Recht herausgenommen hatte, frei zu sein... Und er predigt uns die Nachfolge – um unseretwillen! Wann werden wir den Mut aufbringen, unsere Freiheit auf uns zu nehmen und uns den Verführungskünsten der Welt entgegenzustellen? „Der Diener steht nicht über dem Herrn"... Lernen wir doch, stark zu werden, um dem Hindernis zu begegnen, um Verleumdungen, Rückstöße und Bosheiten aufzufangen wie er, *CHRISTUS.*

Wagen wir, diesen Herausforderungen zu begegnen? Wagen wir es, *CHRISTUS* nachzufolgen auf diesem *schwierigen Kreuzweg der Befreiung?* Wagen wir, in einer Gesellschaft, die sich tausend anderen Göttern verschrieben hat, von der *Wahrheit* und von der *Freiheit* zu sprechen? Oder entscheiden wir uns ständig neu, uns flachzulegen, um von Diktatoren und Demagogen überrannt und mitgenommen zu werden? Werden wir weiterhin jenes „Offenhalten für alles" als höchste Tugend ansehen, wobei wir begeistert jeden neuen Einfluß willkommen heißen und Geist und Seele überfahren lassen?

Wie aber handelt der *wahre Christ?* Auch er schenkt seine kostbare Freiheit einem andern... Er antwortet uns aus praktischer Erfahrung:

> *„Nur einem Einzigen lege ich meine Freiheit bedingungslos in die Hände, und er wird mir nicht den Atem nehmen, mich fesseln und beherrschen!*
>
> *Im Gegenteil: Indem er meine Freiheit entgegennimmt, erhalte ich sie hundertfältig zurück. Er ist der Einzige, durch den der Verzicht auf meine Freiheit Gewinn bedeutet.*

Ich will nur einen Meister und Führer: JESUS CHRISTUS. Nur wenn ich mich an ihn verschenke, werde ich frei."

Da die Person *JESUS CHRISTUS* in der Herzenstiefe des Menschen anwesend ist, begegnet der Mensch – nachdem er sich ausgeliefert hat – sich selbst. Er schaut in einen Spiegel und erkennt. Jetzt, in *CHRISTUS*, wächst der Mensch, wird groß und immer größer, steigt, wächst über sich hinaus – und dabei wird er frei.
Das ist keine Hypothese, meine lieben Freunde, sondern die lebendige Erfahrung aller wahren Christen. Sie sprechen vom „*Christkönig*", weil er der Einzige ist, der einzige wahre König. Diejenigen, die sich ihm vorbehaltlos übergeben haben, erlangten wahres Menschentum, wahre Würde und wahre Freiheit – ihre Würde und ihre Freiheit –, denn außerhalb von *CHRISTUS* existiert keine reale Befreiung.

Mit weit ausgebreiteten Armen bittet er, wir mögen uns ihm vertrauensvoll überlassen, denn er ist der Einzige, der unser Leben menschlich werden läßt und uns endlich hilft, das zu werden, wozu wir berufen sind:

FREIE GOTTESKINDER,

erschaffen nach Seinem Bilde. Diese Erkenntnis birgt in sich schon alle Freiheit.

Das Engagement –
Die Freiheit des Ja

Wenn der Tag kommt, an dem das Kind seine Freiheit entdeckt, dann entdeckt es sie nicht über das JA, sondern über das NEIN. Das zweijährige Kind beginnt NEIN zu sagen, von heute auf morgen, und in diesem Sich-Verweigern gegenüber der Mutter, dem Vater, den Geschwistern oder anderen Bezugspersonen empfindet es etwas Neues – seine Unabhängigkeit, seine Selbständigkeit, seine Freiheit. Etwa 10–15 Jahre später wiederholt sich dieser Freiheitsanspruch. Der Jugendliche demonstriert gegenüber Eltern und Lehrern seine Autonomie – und nicht selten gegenüber der Gesellschaft.
Daher ist es verständlich, daß viele Menschen glauben, Freiheit bedeute die Courage des NEIN-Sagens. Ist das richtig? Es ist richtig im Sinne von *SARTRE,* der die Freiheit definiert als das Fähigsein des Menschen, dem Nichts zuzustimmen und es anzuerkennen. Wörtlich sagt er:

„La Liberté est le pouvoir de néantisation."

(Sartre)

Demnach drückt sich die Freiheit in der Macht des Widerspruchs aus, in der Leugnung, in der Zurückweisung.
Nach meiner Ansicht gibt es jedoch eine viel tiefere Freiheit als die des NEIN, es ist die Freiheit des JA. Die Freiheit, die NEIN sagt, bezieht gegnerische Stellung, und es ist ihr ein Bedürfnis, sich dabei selbst ins Licht zu setzen; sie will dem Gegenüber damit imponieren, daß sie ihm die Stirn zu bieten vermag. Diese Freiheit, meine lieben Freunde, ist noch unvollkommen, sie ist ganz unterentwickelt, denn im Grunde interessiert sie sich in ihrer betonten Selbstbejahung nur für sich selber. Wahre Freiheit dagegen, die

des wirklich erwachsenen Menschen, der reif und sicher geworden ist, ist die Freiheit, die JA zu sagen versteht. Es ist die Freiheit der Hinwendung und des Interesses am anderen, die Freiheit des Verstehens und der Annahme, es ist eine selbstbewußte Freiheit, die so sicher ist, daß sie es sich leisten kann, JA zu sagen.
Gewiß ist diese Freiheit die schwierigere, aber es ist die höherstehende Freiheit, denn sie ist wahrhaftiger. Mit dieser Freiheit wollen wir uns in der Folge beschäftigen. Ich stelle Ihnen die folgende Frage: „Was heißt überhaupt *FREISEIN?* Wie würden Sie persönlich diesen Begriff definieren? Ich lese Ihre Gedanken:

„*FREISEIN* heißt Wahlmöglichkeit haben."

Ich gebe Ihnen recht. Wem zu wählen erlaubt wird, der ist frei. Aber ich kann Sie mit Ihrer Antwort auch in Verlegenheit bringen: Man fordert mich auf, zwischen A und B zu wählen. Solange ich noch nicht gewählt habe, bin ich noch frei, nämlich frei von dieser Wahl, denn sobald ich A gewählt haben werde, bin ich nicht mehr frei, B zu wählen. Ich stelle fest, daß meine freie Wahlmöglichkeit während meines Wahlaktes erloschen ist. Und jetzt frage ich Sie:

„Soll das Wesen unserer Freiheit darin bestehen, daß sie erlischt, wenn man von der freien Wahl Gebrauch macht?"

Es sind nicht wenige Menschen, die sich diese Frage stellen, und sie reagieren entsprechend:

„Wenn ich also gewählt haben werde, bin ich nicht mehr frei, folgedessen werde ich nicht wählen, um frei zu bleiben."

Das sind die vorsichtigen Leute, die es vorziehen, sich nicht zu entscheiden, um sich ihre Wahlmöglichkeit nicht zu verbauen; sie wollen sie aufbewahren bis zum Tage X – und nicht selten kommt ihnen der Tod zuvor. Nach ihrer Vorstellung sind sie dann im Stand vollkommener Freiheit gestorben, aber ihr Leben hat auch keine Spuren in die Erde gezeichnet, nichts Eigenes haben sie in ihrer Nicht-Wahl hinterlassen, weil sie frei bleiben wollten. (Ich übertreibe etwas, aber jede Karikatur enthält ihr Wahrheitsquantum.)

„Die Angst vor der Freiheit" – unser vorhergehendes Thema. Es gibt Menschen, die sich die Folgenschwere ihrer Entscheidungen in allen Wahrscheinlichkeiten plastisch vor Augen stellen und deshalb permanente Zurückhaltung üben, um immer wieder von neuem alles zu durchdenken. Kürzlich starb ein Mann im Alter von 84 Jahren, der mir oft gesagt hatte, weshalb er nie verheiratet war: „Der Entschluß zur Ehe ist so bedeutsam, daß man ein Leben dafür braucht, ihn abzuwägen." Er hatte nicht gewählt. Er war frei geblieben...

Doch welchen Wert geben Sie einer solchen Freiheit? Was wiegt sie? Für mich hat sie null Wert, da sie überhaupt nicht existiert, sie war imaginär, eine leere Blase; sie war nur eine Möglichkeit geblieben, rein potentiell also, denn der Mann hatte sich nicht engagieren wollen.

Ein anderes Beispiel: Person X ist im Begriff, ihren Arbeitsplatz zu wechseln, und hat sich dabei 4 Monate Freizeit organisiert. „4 Monate goldene Freiheit" nennt sie es, „endlich einmal tun und lassen, was man gerne möchte! Ich habe tolle Pläne!"... Ich frage sie, was sie denn präzise für tolle Pläne habe. Viele, sagt sie mir, aber sie habe sich noch nicht genau entschieden... Ich treffe sie zur Halbzeit wieder und bekomme dieselbe Antwort noch einmal... Ich treffe sie schließlich am letzten Tag ihrer „goldenen Freiheit", die sie *vertan* hatte in der großen Erwartung ihrer eigenen Entschlüsse. Nicht einer ihrer tollen Pläne war verwirklicht worden..., *und dasselbe gilt leider für manches lange Leben.*

Ich liege hier nicht in einem intellektuellen Wortgefecht mit mir selbst, sondern ich rede in *großem Ernst* zu Ihnen, meine lieben Freunde. Die Zahl der Menschen, die ihr Leben damit verbringen, den Zeitpunkt abzuwarten, an dem sie wissen werden, was sie mit ihrem Leben anfangen wollen, ist *enorm!* Eines Tages sterben sie, ohne eine wirklich persönliche Leistung hinterlassen zu können, weil sie die Wahl gefürchtet hatten, das JA, das Engagement. Zahlreich sind die verpfuschten Leben und die vergeudeten Talente! ...

Nicht umsonst gab CHRISTUS uns *das strenge Gleichnis von den drei Knechten,* die das Vermögen ihres Herrn während dessen Abwesenheit verwalten sollten. Je nach ihren Fähigkeiten übergab er ihnen eine gewisse Anzahl von Talenten (Münzen). Zwei der Knechte hatten bei der Rückkehr des Herrn den Wert durch Mut und Geschick verdoppelt, und als ihre Abrechnung verlangt wurde, bekamen sie reiches Lob und reichen Lohn. Der dritte Knecht war jedoch jener Ängstliche. Er erklärte seinem Herrn:

„Ich hatte Angst, ging hin und vergrub dein Talent im Boden; sieh, hier hast du wiederum, was dir gehört.

Da sprach sein Herr zu ihm:
Du hättest mein Geld zu den Wechslern bringen sollen, dann hätte ich nach meiner Rückkehr das Meinige mit Zinsen wiederum bekommen.
So nehmt ihm das Talent und gebt es dem, der zehn hat; denn jenem, der hat, wird gegeben werden, und er wird im Überfluß haben, doch wer nicht hat, dem wird auch das, was er besitzt, genommen werden.
Den nichtsnutzigen Knecht werft in die Finsternis hinaus!" (Matthäus 25, 25–26 a/27–30 a)

Von *uns allen* wird diese Abrechnung eines Tages verlangt. Werden wir uns dann herauszureden versuchen:

„Mein Gewissen hatte mir manches Gute zu tun eingegeben, andererseits gab es aber viel zu viele Risiken in diesem Erdenleben, sodaß mir leider die Verwirklichung nicht möglich war."

Werden wir dann Ähnliches zu hören bekommen wie der dritte Knecht in *JESU* Gleichnis? Geld im Sparstrumpf daheim oder angehäuft in einem Safe ist totes Geld. Der kluge Mann läßt es lebendig werden und tüchtig arbeiten, er unternimmt etwas damit, denn er hört von der hochprozentigen Inflation und weiß, daß diese ihm in wenigen Jahren seinen Besitz nehmen würde. Dasselbe betrifft unsere Lebensweise. Wir sollen unsere Anlagen und Talente, aber auch unsere allgemeine Lebensenergie nutzen und entfalten; mit dem Gegebenen sollen wir etwas unternehmen wie ein Geldbesitzer, um es zu mehren! Ein Leben, das nicht spielt, d. h., nichts riskieren will, hat nur geringen Wert, weil es niemandem etwas nützt, weder ihm selbst noch anderen. Diese Art von Freiheit ist *reine Illusion, weil ohne die aktive Wahl auch die Freiheit abwesend ist.* Manche sagen mir:

> „Ich riskiere nicht gern etwas, weil ich ein Scheitern fürchte, und wer will sich schon gern blamieren – vor sich selbst und anderen? Man muß sehr achtgeben!"

Achtgeben? Aber unser ganzes Leben ist doch nichts anderes als ein Risiko; jeder Schritt, den wir tun, ist riskant. Dennoch sagt der flotte Volksmund:

> „Wer wagt, gewinnt!"

Wer nichts wagt, kann auch nichts gewinnen – *auch keine Freiheit.* Die Freiheit ist ein *praktisches Ideal,* das man anzündet wie ein Licht. Als wir Boulads Kinder waren, hat unser Vater an unseren Studienzimmerwänden einige Sinnsprüche wechselnd auf Tafeln angebracht, die unserem Leben Richtung geben sollten. Auf einer dieser Tafeln war zu lesen:

> „Die Unentschlossenen verlieren die Hälfte ihres Lebens, und die Energischen verdoppeln es."

Am stärksten wirkte dieses Lebensmotto wohl in meinem Bruder *JACQUES*, der ebenfalls Ordensgeistlicher wurde. Unentschlossenheit ließ er niemals aufkommen, energiegeladen lebt er *mehrere Leben*, und wer seine Schwungkraft kennt und ihn in Ägypten auf allen Feldern wirken sieht, der weiß, wie weit unser *JACQUES* damit gekommen ist.

Unentschlossenheit ist Ausrede. Unentschlossenheit ist Angst vor dem Danebengreifen, vor dem Irrtum. Selbstverständlich ist das alles „drin", wenn ich ein Projekt lanciere, und es wird tatsächlich hin und wieder auch passieren. Trotzdem spiele ich das riskante Spiel und engagiere mich. Vielleicht muß ich mehrmals starten – bis mir der Sieg gelingt. Nur der Kämpfer kann ein Erfolgserlebnis haben, nur der Tapfere, nur der Engagierte.

Interessante Gedanken finden wir bei *SARTRE*. Auch er spricht von jenen Vorsichtigen und sagt:

> *„Sie haben reine Hände, doch eigentlich keine Hände."* (Sartre)

Er will dasselbe sagen, nämlich daß diejenigen, die sich ihre Hände nicht beschmutzen wollen, wertlose Hände, also keine Hände haben. Hände wurden uns gegeben, damit wir sie benutzen sollen und das ohne allzuvieles Zögern. Sage mir doch bitte, was nützen anderen Deine sauberen Hände, wenn Du vorsichtshalber etwas Wichtiges unterläßt? *„SCHNEIDE SIE DIR AB!"* – das würde *JESUS* zu Dir sagen, denn unsere Aufgabe ist gewiß nicht, unsere Hände reinzuhalten, sondern mit ihnen den Weltteig zu kneten.

Liebe Freunde, wir sind an Bord, das Schiff hat abgelegt, wir sind unterwegs – wir alle – und unser Leben ist *Wahl*. *VIVRE C'EST CHOISIR*, leben heißt wählen. Jeder Tag unserer Existenz steht im Zeichen diverser Wahlmöglichkeiten. Gehen wir mit diesen unserem Leben voran, anstatt ihm zu folgen! Leider gibt es viele unter uns, die im Schlepptau ihres eigenen Lebens hängen und sich schleifen lassen. Je nach den Umständen und Ereignissen folgen sie diesen, und sie hängen sich auch an stärkere Menschen, die ihnen vorausgehen. Wagten sie es doch, den Ereignissen selbst zuvorzukommen, indem sie durch ihre persönlichen Entscheidungen eine Wahl treffen, *ihre* Wahl, um *ihr* Leben zu leben! Warum fehlt ihnen dieser innere Antrieb? Weil sie kein *Lebensprojekt* im Auge haben, weil kein *Ideal* in ihrer Seele steht! Deshalb treiben sie auf den Wellenkämmen des Lebens dahin...

Wenn mir jemand sagt: „Ich werde diese Wahl nicht treffen, ich lasse es an mich herankommen", dann antworte ich ihm: „Dein Entschluß, nicht zu wählen, ist bereits eine Wahl, denn damit hast Du die Weichen schon gestellt."

Wir werden in die Enge getrieben, wenn wir argumentieren wollen, denn im Grunde genommen sind wir als geistige Wesen „zur Freiheit verurteilt". Wir müssen wählen, fortwährend wählen! Werden wir uns dessen bewußt, und treten wir ein ins Spiel der Freiheit, nehmen wir unser Leben in beide Hände. Jeder von uns erschafft sich selbst durch die Wahlmöglichkeiten, die er sich stellt und die Entscheidungen, die er trifft. *Gott gibt uns unser Leben wie ein Stück rohen Ton in die Hand und sagt:*

„*Jede Wahl, die Du triffst, wird ihren Abdruck in diesem Ton hinterlassen, und im Verlaufe Deiner Lebenszeit wirst Du Dein Gesicht modellieren!*"

Damit meint er nicht jenes Gesicht, das uns der Spiegel zurückwirft, sondern das *innere*, und er gibt uns zu verstehen, daß wir es sind, die es formen. Unser Leben ist nichts anderes als diese stete Arbeit an uns selbst, infolge der kontinuierlichen *Wahlakte;* und unser Lebensresultat wird unser inneres Gesicht sein, *das wir mitnehmen werden in die Ewigkeit.*

Dieses ganz andere Gesicht, das wir jenseits unseres Grabes einst wahrnehmen werden, wird uns verblüffen! Alle unsere irdischen Entscheidungen werden wir an ihm ablesen und in ihm nacherleben, und wir werden überrascht sein, daß sie es waren, die uns das Profil gegeben haben. Wieviele fragten mich schon, welches Gesicht sie drüben haben werden, das letzte vom Sterbelager oder ein strahlendes aus jungen und glücklichen Tagen? Weder das eine noch das andere, meine lieben Freunde, denn selbst Euer bestes aus diesen Erdentagen ist noch nicht das Eure, jenes liegt viel tiefer, und Ihr arbeitet noch daran – durch Eure tägliche Wahl gestaltet Ihr es. Dieses innere Gesicht ist EUER SELBST, das eines Tages herangereift ist in Eurer Hand und geboren werden wird aus Eurer Hand; es ist Eure zweite Geburt, *die Geburt in der Freiheit*. *Das allein ist das wirklich Wesentliche im Werdegang einer menschlichen Existenz.*

Wahl bedeutet nicht selten *Opfer*. Der Bildhauer opfert viele Stücke des kostbaren Marmors, um sein Werk darunter erscheinen zu lassen. Auch ich gebe hin, auch ich verliere in meinem Verzicht, meinem Opfer. Zugleich aber bilde ich mich durch diese Verluste heran, ich wachse, ich werde. Ich selbst bin der Bildhauer meines *SELBST*, der zu opfern bereit ist und zu verlieren weiß, und das fertige Werk wird mein Gesicht für die Ewigkeit sein.

Hier tritt uns deutlich der Gegensatz MENSCH–TIER entgegen. Das Tier ist vom Schöpfer in seiner Natur festgelegt worden: Sein Wesen ist erheblich bedingt, es wird immer das sein, wozu es biologisch bestimmt wurde, und der Instinkt steuert präzise seinen Weg. Der Mensch ist dagegen *frei*, er kann tausend verschiedene Wege einschlagen, denn in ihm lebt und wirkt die Macht der Selbstgestaltung, er kann sich selbst die Richtung weisen. Welch unermeßliches Glück ist ihm damit zugedacht, welche Würde ist ihm damit verliehen worden! Gott hat uns nicht in einen endgültigen Rahmen eingesetzt wie das Tier, sondern er entließ uns als Rohmaterial aus seinen Schöpferhänden und beschenkte uns mit seinem Geist, damit wir uns fertig erfinden und fertig heranbilden sollen, damit wir unser zweites Gesicht allein erschaffen. Über unsere Eltern gab er uns nur unser erstes Gesicht und dazu unsern ersten Leib, so wie sie uns unseren ersten Namen gaben. Deinen endgültigen Namen aber wirst Du Dir selbst geben, er liegt für Dich verborgen in der Zukunft, *und Gott wird ihn Dir enthüllen im Augenblick Deiner Auferstehung.*

Die „auto-création", die Selbsterschaffung des Menschen, ist ein Abenteuer ersten Ranges, kein anderes neben ihm! *Es ist die Zeugung des eigenen SELBST durch das eigene SELBST – und das ist Freiheit!* Hier haben wir eine andere Form der Freiheit, es ist nicht mehr die erste, von der wir gesprochen haben, die darin besteht, zwischen A und B zu wählen, sondern hier stehen wir in der wahren Freiheit, denn in ihr erkennen wir uns klarer als in jedem Spiegel, durch sie sind wir WIR SELBST geworden. Das Kennzeichen dieser endgültigen Freiheit ist nicht mehr die Wahl, die sich als ungenügend erwiesen hatte, sondern ihr Merkmal ist

DIE SELBSTVERWIRKLICHUNG DES MENSCHEN.

Jetzt wird die Freiheit nicht mehr als ein bestimmter Akt verstanden, den ich vollziehe, sondern sie ist jetzt ein *Zustand*, in dem ich lebe, *FREI-SEIN* heißt *MAN SELBST SEIN*.

Ab dieser entscheidenden Stunde bin ich nicht mehr Gefangener meiner Umwelt, meiner Natur, meiner Erziehung, meiner Illusion, sondern *ich verwalte und regiere mich selbst*. Jetzt lebe ich die „auto-détermination", die Selbstbestimmung, denn ich bin Herr über mich selbst geworden, ich habe mich nun „in den Griff bekommen", und je fester der Griff, umso freier bin ich. Je undisziplinierter ich jedoch dahinlebe, umso unfreier bin ich. Der sich selbst gegenüber Nachsichtige ist ein sehr unfreies Geschöpf, desgleichen der ewig Zögernde, der keinen Entschluß fassen kann, zwischen A und B zu wählen. *Frei wird man allein durch die Wahl.*

Die sich jetzt selbstbestimmende Freiheit ist das Ergebnis einer Wahl, sie ist groß, sie ist stark, es ist eine Freiheit hohen Wertes, denn sie steht der schwankenden Haltung gegenüber, die nur eine Freiheitsmöglichkeit bleibt. Wir sind als freie Wesen geschaffen. Dennoch müssen wir verstehen, daß unsere Freiheit keine Gabe ist, sondern eine Aufgabe, kein eigennütziges Vergnügen, sondern ein dauernder Ruf nach vorn. Sie ist unsere *BERUFUNG*. Freiheit ist ein

Projekt, für das wir engagiert sind, aber nicht am Startpunkt unseres Lebens ist sie zu finden, sondern am Zielpunkt, und nur dort. Deshalb antworte ich auf die tausendfach gestellte Frage, ob der Mensch frei sei:

„Der Mensch ist berufen, frei zu werden!"

Das Kleinkind ist wie das Tier noch ganz den eigenen Launen unterworfen, beide wissen nichts von der Freiheit, denn sie ist ein geistiges Ideal, sie ist Suche und Eroberung. Wer sich heute schon als vollkommen frei dünkt, mag sich täuschen, denn wir *werden* frei, Tag für Tag befreien wir uns ein wenig mehr, und daher sollten wir besser von der *„Befreiung"* des Menschen sprechen als von seiner Freiheit, die ja doch nur langsam fortschreitend *heranreifen* kann. Daß dieser langsame Prozeß kein Honiglecken ist, versteht sich; schwierige Etappen müssen überwunden werden auf dem Wege in die Freiheit. Eines Tages aber wird sich diese wunderbare Blüte in ihrer vollen Schönheit entfaltet haben.

Wie heißt also dieser honiglose Weg, den wir gehen müssen, um uns zu befreien? Er heißt *OPFER*. Das ist sein Name.

VIVRE C'EST CHOISIR... CHOISIR C'EST SACRIFIER.

Leben heißt wählen... wählen heißt opfern. Daher ist wahre Freiheit etwas *Ernstes* und *Heiliges*. *Die allgemeinen Liberalisierungsbestrebungen des Freiheitshungrigen haben nichts mit wahrem Freisein zu tun,* auch dann nicht, wenn die Siegesfanfaren der Freiheit von den Türmen geblasen werden. Der Freiheitshungrige liefert selbst den Beweis dafür, daß er zweifelt, indem er seine schnell erworbene (oder erkaufte!) Freiheit streitsüchtig hütet und dabei in die Knechtschaft seiner eigenen Freiheit fällt. Oh, man kann Sklave seiner eigenen Freiheit sein! Die höchste Form der Freiheit ist daher diejenige, die frei von sich selbst ist.

Deshalb verbinden sich letztlich *Freiheit* und *Opfer*. Wahre Freiheit besteht darin, seine persönliche Freiheit vergessen zu können. Erst im Verzicht auf den Siegeskranz verwirkliche und vollende ich mich.

„Wer sein Leben liebt, wird es verlieren, doch wer sein Leben in dieser Welt haßt, der wird es für das ewige Leben bewahren." (Johannes 12, 15)

Das Weizenkorn, das Du liebst und nicht aus der Hand geben willst, wird in Deiner Hand nicht keimen, sondern verderben wird es Dir darin! Wirf es weg, in die Erde und vergiß es, dann wird es Dir viel bringen!

Die Freiheit, die ich um jeden Preis erhalten will, wird in meinen Händen bald verderben. Die Freiheit, die ich dagegen für andere Menschen hinopfere oder für ein bestimmtes Ziel, das erreicht werden muß, wird keimen und blühen, sie wird stark und groß werden und heranwachsen zur *REALEN FREIHEIT*.

Das Gesetz des *Lebens* heißt *Tod*.
Das Gesetz des *Todes* heißt *Leben*,

das ist das evangelische Paradoxon, das für unser Leben gilt wie für unsere Freiheit. Was aber ist genau damit gemeint, *„seine Freiheit verschenken"*? Auf diese Frage antwortet Dir die *Liebe: „Ich bin es!"* da die Liebe der letzte und tiefste Sinn aller Freiheit ist. Ich muß mich ja doch nach dem *Ziel* meiner Freiheit, die ich so ersehne, erkundigen!

Frage: *„Warum und wozu will ich eigentlich frei werden?"*

Antwort: *„Du brauchst Deine Freiheit, um wirklich lieben zu können."*

Wenn meine Freiheit keine *Liebesgabe* für die Welt bedeutet und kein *Opfer* wäre, kein Engagement meinerseits, was wäre sie dann wert? Was wäre ihr *Sinn*, und wem würde Sie etwas nützen? Antwort: Ich werde Schritt für Schritt freier, um mich mehr und mehr in meinem Liebeswirken zu engagieren. Es gibt nur einen Existenz-Sinn für den Menschen: *Die Liebe zu erlernen! Und wenn die Liebe in Dir wächst, dann wächst Du mit ihr!* Die Freiheit hat keinen selbstgenügenden Wert und Zweck, sondern sie ist das Mittel, um wahrhaft lieben zu können. Die Qualität unserer Liebe steigt mit der Qualität unserer Freiheit, die wir uns erringen. Die Liebe ist der höchste universale Wert, den es gab, gibt und jemals geben wird, und indem ich meine Freiheit diesem Höchstwert zur Verfügung stelle, vollende ich sie, denn auch sie bekommt jetzt Höchstwert. Die Liebe ist die *Lichtphase* der Freiheit, in ihr kulminiert sie.

Noch einmal: Liebe ist Hingabe. Je vollkommener ich mich hingebe, umso wahrer ist meine Liebe, und umso freier werde ich dabei. Je vollkommener meine Hingabe, umso vollkommener meine Freiheit.

Sinnlos wären hier Kompromisse. Der Kalkulierende, der größere Teile für sich einbehalten will, der also nicht definitiv zu geben weiß, ist ein *Kind.* Auch ein Kind gibt, aber es nimmt ebenso gern, und wie fest umklammert es seinen kleinen Besitz! Der Opfergedanke ist ihm noch fremd. Wer aber als Erwachsener dieses Kinderspiel treibt, weiß nicht, was es bedeutet, frei zu sein. *FREI-SEIN* heißt, sich für das Gute zu engagieren und zwar radikal und fortwährend neu, einschränkungslos, bedingungslos. Hoch ist der Preis der wahren Freiheit, denn er fordert den *ganzen* Einsatz.

Alle diejenigen, die heute *den Wert der ehelichen Bindung* in Frage stellen, indem sie behaupten, sie würden damit ihre Freiheit oder gar ihre Persönlichkeit verlieren, haben noch keine Erkenntnis über das Wesen der Liebe. Auch der Liebe wohnt ein Ruf inne, ein Appell, auch sie hat keinen selbstgenügenden Wert und Zweck, und sie ist kein Ziel in sich. Was stellen sich diese Menschen unter Freiheit vor, wenn sie nicht einmal imstande sind, sich für denjenigen zu engagieren, mit dem sie zusammenleben wollen? Liebe bedeutet ganze Hingabe in der Tiefe und in der Zeit, also ohne Ende, daher ist die eheliche Liebesbindung die vollkommenste, *und sie bedeutet Freiheit.*

„Ich habe geheiratet, aber ich werde mir trotzdem meine Freiheit bewahren! Ich bestehe darauf!"

Das ist weder Liebe noch Ehe, noch Freiheit, sondern eine Farce! Dazu ist es ein leichtsinniges Spiel, denn glaube mir, je lautstärker Du auf Deine Freiheit pochst, desto sicherer wirst Du sie verlieren. Ich gebe Dir ein weit besseres Rezept mit Garantieschein für Deine Freiheit: *Dein Liebeswirken ohne Ende!* Wer seinen inneren Liebesappell überhört und sein Liebesengagement umgeht, ist *nicht* frei, er ist nicht einmal wirklich *MENSCH* ...

Meine lieben Freunde, meditieren wir *die reine Freiheit Gottes,* die in vollem Umfang und in letzter Tiefe *total* ist, *definitiv*. Gott ist das freie Wesen par excellence – und in dieser Freiheit, die Absolutheitswert hat, engagierte er sich. Ich kann mir nicht vorstellen, daß Gott nichts geschaffen hätte und daß er sich nicht für uns engagiert hätte. Sein Engagement heißt „Schöpfung", und uns Menschen schuf er mit seinen Händen, wie es die Bildsymbolik der Genesis darzustellen versucht. Ferner heißt sein Engagement „Inkarnation", er wird selbst Mensch. Ganz eintreten wollte er in sein Schöpfungswerk, um *einzuwerden* mit Welt und Mensch. *Der freie Gott wollte sich binden.*

„*Obwohl Er sich in der Gestalt Gottes befand, wollte Er dennoch nicht gewaltsam an Seiner Gottesgleichheit festhalten, vielmehr entäußerte Er sich, nahm Knechtsgestalt an und ward den Menschen ähnlich.*" (Philipper 2, 6–7)

Er sagte nicht: „*Weil ich Gott bin, habe ich es nicht nötig, mich zu engagieren, denn ich bin das freieste Wesen aller Welten*", sondern er sagte:

„Weil ich Gott bin, weil ich frei bin, werde ich mich engagieren und persönlich einsetzen. Ich werde diesen Menschen, den ich schaffe, grenzenlos lieben, mich ihm ganz hingeben, mich an ihn verlieren. Und ich werde mich verbinden mit der Geschichte dieses Menschen, ich werde mich für ihn aufopfern, ich muß es, denn wenn ein Samenkorn nicht zu sterben weiß, dann bringt es keine Frucht."

Diese *Gottesfreiheit*, meine lieben Freunde, bleibt immer der Prototyp jeder anderen Freiheit, denn Gott ist das unendlich freie Wesen, das sich in letzter Konsequenz, die uns Menschen überhaupt vorstellbar ist, engagiert. Sein Engagement reicht am weitesten

in der *Schöpfung*,
in der *Menschwerdung*,
in der *Erlösung*.

Durch dieses Eintauchen Gottes in die Geschichte durch JESUS CHRISTUS haben wir verstehen gelernt, was Freiheit ist. Die Freiheit Gottes wird seitdem durch einen Mann symbolisiert, der sich an einem *Sterbekreuz festschlagen* läßt. Weiter kann Liebe nicht gehen.

Hier im *Selbstopfer* gelangt die Freiheit an ihren Höhepunkt, und wir können ihr nur noch sehr schwer folgen. Drei Nägel binden den Menschensohn und den Gottessohn, weil er wahrhaft liebt – und dieses Geschehen ist das *Freiheitssymbol* unserer Welt von Ewigkeit zu Ewigkeit.

Die Hölle –
Die Freiheit des Nein

Für dieses Kapitel habe ich ein nicht gerade zeitgemäßes Thema gewählt. Der moderne Mensch sträubt sich mit allen Fasern seines Wesens gegen die Idee der Hölle. Er glaubt, einen Widerspruch zu fühlen, den ihm – so sagt er – gewisse Predigten und religiöse Bücher ins Herz gegeben haben und den er nicht akzeptieren kann. Gott ist Liebe und nichts anderes als Liebe, doch wird neben dieser Liebesverkündigung bis heute der Begriff einer ewigen Hölle aufrechterhalten. Der Mensch könnte, so heißt es, gegebenenfalls dort eingeschlossen werden, und das empört! Das ganze Höllenthema ist unvereinbar mit der Gottesliebe, denn wenn es die Hölle wirklich gibt, dann ist Gott nicht gut.

Wir Menschen sind weder von der Liebe noch von der Güte Gottes, und doch können wir das Leid unserer Mitmenschen nicht sehen, nicht ertragen; demnach schlußfolgern wir:

> Entweder ist Gott weniger gut als wir Menschen, dann wäre er aber nicht mehr Gott, oder er ist die reine und ewige Liebe, dann kann es keine Hölle geben.

Was führt uns aus diesem Widerspruch heraus? Ich glaube, daß wir erst einmal lernen müssen, die Hölle in ihrer wahren Perspektive zu sehen, wir müssen erkennen, was sie wirklich ist, andernfalls kann es für uns keine Antwort geben. So behaupte ich zunächst, daß die Hölle *das Lösegeld für die Freiheit* ist. Die Hölle ist für das geistige Geschöpf „Mensch" die Möglichkeit eines NEIN gegenüber Gott, sie ist die FREIHEIT DES NEIN. Ohne Freiheit gibt es keine Hölle, ohne Freiheit gibt es aber auch keinen Himmel!

Die Hölle ist die Möglichkeit des NEIN,
der Himmel ist die Möglichkeit des JA.

Entweder hebt man beide Aussagen auf, oder man erhält sie beide aufrecht, denn sie sind aneinander gebunden.
Fragen wir jetzt nach dem Begriff des Himmels. Man sagt uns, der Himmel sei „Glück", er sei „Belohnung". Was für ein Glück ist damit gemeint? Werden wir es von Gott wie ein schönes Geschenk überreicht bekommen, müssen wir nur die Hand ausstrecken, um es entgegenzunehmen? Wenn das so wäre, dann wären wir tatsächlich von der Hölle abgeschirmt, weil unsere gefährliche Wahl entfiele; der Himmel käme automatisch auf uns zu. Der Himmel ist jedoch ein Glück, das wir uns gewinnen müssen, nur die Erfahrung eines selbsteroberten Glückszustands bedeutet „im Himmel sein". In der französischen Sprache nennt man diese himmlische Erfahrung „Glorie", und das ist sehr viel mehr, es bedeutet Herrlichkeit und Seligkeit.

Ein Beispiel: Stellen Sie sich eine Gruppe junger Menschen vor, die sich auf einen Wettkampf vorbereiten. Zitternd in der Erwartung ihrer eigenen Leistung stehen sie an der Startlinie, und vor ihrem inneren Auge steht ein herrlich funkelnder Pokal, den es zu gewinnen gilt. Stellen Sie sich vor, ich würde mich den Kindern nähern und ihnen sagen: „Ihr alle wollt diesen Pokal gewinnen? Wartet! Ich werde jedem von Euch genau den gleichen beschaffen!" Ich gehe und kaufe 10 dieser Siegeskelche und verschenke sie gerecht an jeden Kampfteilnehmer. Ich bin sicher, daß man mir mein Geschenk vor die Füße werfen würde, indem man mich belehrte:

> „Ich will nicht irgendeinen Pokal, sondern diesen einen! Verstehst Du nicht, daß unserer ein völlig anderer ist? Ich will meinen Pokal gewinnen und nicht Deinen geschenkt bekommen! Er ist das Symbol meines persönlichen Einsatzes, meines Kampfes, meines Ringens mit mir selbst, meines Sieges über mich! Nur diesen will ich, keinen andern, ich will ihn mir selbst verdienen."

So etwa steht es um mein Himmelsglück, das nicht irgendein Glück ist, sondern mein persönliches Verdienst. Ich selbst habe lange Zeit daran gearbeitet, indem ich mich während langer Erdenjahre herangebildet habe. Es ist dann meine Verwirklichung in seliger Freude. Aber ich kenne den Wunsch vieler Menschen, die es vorziehen, zum Himmel verurteilt zu werden. Sie sagen mir:

„Gott ist gut, er kennt alles, er weiß alles, was kommen wird. Wenn er aber weiß, daß mein Weg unaufhaltsam abwärts in die Hölle führt, weshalb hat er mich dann überhaupt erschaffen? Eigentlich dürfte er doch nur Wesen schaffen, die für den Himmel bestimmt sind!"

Gott soll also für uns wählen und uns von vornherein für den Himmel programmieren? Dann befinden wir uns mit derselben Zwangsläufigkeit auf dem Wege nach dort wie der Stein, der zur Erde fallen muß? So muß auch der Mensch in den Himmel eingehen? So wie die Kompaßnadel nichts anderes anzielt als den Norden, so gibt es auch für den Menschen nur eine Richtung: Gott? So wie die Sonnenblume sich nach der Sonne wendet, weil ihre Natur so programmiert ist, so wenden wir uns ohne andere Wahl dem Himmel zu? Das ist unser inneres Diktat, unser Instinkt also, nicht anders als im Tierreich, das keine Wahlmöglichkeit kennt? Fatalität, Determinismus?... Wenn das wahr wäre, wo bliebe dann unsere Freiheit? Wo wäre unsere menschliche Würde? Wo wäre der Sinn unseres Lebens?... Nein, Gott schätzt und respektiert uns als geistige Wesen und kann uns demnach einen solchen Himmel nicht bescheren.

Anstatt vom himmlischen Glück sollten wir vielmehr von der himmlischen Liebe sprechen, denn *der Himmel ist Liebe*. Unter „Glück" könnte man auch ein animalisches Befriedigtsein in der ewigen Sattheit verstehen, doch hier ist das Glück der seligen Kommunion gemeint, das Glück der Liebe unter geistigen Wesen. Und mit der Liebe haben wir auch die Freiheit, denn wer „Liebe" sagt, sagt „Freiheit", man kann doch nicht notwendigerweise lieben! Frei ist die Liebe, oder es gibt keine. Sie ist spontan, ich kann niemanden zwingen, mich zu lieben. Den Imperativ: „Liebe mich!" gibt es nicht. Nur nach vorausgehender freier Wahl wird die Liebe erfahren, und es ist der freieste Akt, den ein Mensch vollziehen kann. Wenn unsere Ewigkeit also darin besteht zu lieben, dann muß diese Liebe von uns gewollt und frei gewählt werden können. Das Wort „lieben" wurzelt in den lateinischen Wörtern „deligere" (aussuchen, wählen) und „diligere" (lieben, schätzen), das ist sehr interessant! Manchmal führt uns eine Sprachanalyse zum tieferen Verständnis. Ich kann also nicht lieben, ohne vorher zu lieben gewählt zu haben. Meine Freiheit ist wesentlich mit meiner Berufung verknüpft, auf einer Liebesbasis mit den anderen in Kommunion zu leben, es zu *wollen*.

Kehren wir den Himmel um, dann haben wir die Nicht-Liebe, die Liebesverweigerung, die Opposition gegen die Liebe, und das nennen wir „Hölle". Diesen zweiten Begriff, die Hölle, versteht man nur in Beziehung gesetzt zum ersten, dem Himmel. Hölle ist Widerspruch, Hölle ist das präzise Gegenteil von Liebe.

Der Himmel ist *ewige Kommunion*,
die Hölle, dagegen ist *ewige Einsamkeit*,
sie ist das verewigte NEIN gegenüber der Liebe.

Ein Mensch, der sich sein Leben lang mit System von der Liebe fernhalten würde, weil er nur für sich allein dasein möchte, hätte letztlich nur sich selbst gewählt, sein Ich, nur das! Dieser ausgeprägte Egoist und Egozentriker, der zeitlebens das klare NEIN gelebt hatte, indem er sich gegen die Liebe panzerte, würde sich im Moment seines Todes in einem Vakuum befinden. Er würde, da es nichts gibt, das ihn tragen könnte, in seine eigene Leere fallen, in die Tiefe strudeln und dort erstarren. Dieses Wesen empfände den Absturz in den eigenen Abgrund, wo es jetzt von sich selbst verschluckt würde, sehr genau, und dann zeigen wir nach „unten" und sagen: *„Er (oder sie) ist in der Hölle gelandet!"*

SARTRE sagt: „Die Hölle, das sind die andern."
Ich sage: „Die Hölle, das bin ich – auf ewig eingemauert *in mir selbst.*"

Das furchtbarste Gefängnis für den Menschen ist sein eigenes, in das er sich eigenhändig hinter Schloß und Riegel setzt. Warum? Da sein Verhalten einen Gegenlauf gegen das eigene Selbst bedeutet und dieser folglich schmerzende Affront als „Höllenqual" empfunden werden muß. Unsere Tendenz, unser Urtrieb, verfolgt ja doch nichts anderes als ein Aufgehen und Erblühen in der Liebe, und das bedeutet tiefe Kommunion mit den andern. Das ist unsere Berufung. Handle ich aber unablässig in freier Wahl dieser Wahrheit zuwider, indem ich mir selbst genug sein will als Ziel und Sinn meines Lebens, dann kann mich nichts anderes im Tode erwarten, als nur mein Ich als offener „Höllenschlund", der mich hinabreißt. Schon zu Lebzeiten trug ich diese Hölle in mir, ich habe sie mir nun für die Ewigkeit bereitet, jetzt erfahre ich sie als mein ewiges Gefängnis, in dem die Seele blutet. Die Hölle, das bin ich, sie ist nun das ewige tête-à-tête mit mir selbst.

Wir kennen die Begriffe „Verdammnis" oder „der Verdammte". Sie bedeuten jenen fundamentalen Widerspruch zwischen dem stark in uns wirkenden Appell, der uns aus unserem Urgrund herauf anregen will und mahnt, und dem radikalen NEIN der Selbstverweigerung. Damit werde ich mir selber feind, ich stehe auf Kriegsfuß mit mir selbst, im Widerstreit mit meinem tiefsten Wesenskern. Dieser Widerspruch verdichtet sich mehr und mehr und wächst zu einer unerträglichen Spannung heran, die mich „höllisch schmerzt."

Dazu ein Text, der sehr gut das ausdrückt, was auch ich empfinde:

„Die Hölle der Verdammten ist jene unabweisliche Kraft, die Du ihnen eingegeben hast und die sie mittels der Sünde brechen wollten – gegen Dich. Diese Kraft aber bleibt in allen diesen Seelen wach,

doch sind sie jetzt ohnmächtig geworden, ihr zu folgen und sich mit ihr zu versöhnen. Sie bleiben hungrig nach dem Unendlichen wie nach dem NICHTS, ein Hunger, der niemals gestillt werden kann, weder vom Unendlichen noch vom NICHTS." (Alexis Hanrion)

Das sind schreckliche Worte..., der Hunger bleibt, und er bleibt ewig. Das ganze Menschenwesen ist ja doch *Liebeshunger*, denn es ist für die Liebe gemacht. Es ist so geschaffen worden und nicht anders. Es kann diese tief in ihm lebenden Wurzeln seiner Liebessehnsucht nicht ausroden, ohne damit sein Selbst zu vernichten. Des Menschen Weg muß dem inneren Ruf nach Liebe folgen, denn die Liebe ist sein Wesen. So ist es logisch, daß er sehr unter einem selbstgeschaffenen Spannungsdruck leiden muß, wenn er sich verweigert.

Das Evangelium warnt uns in dem Bild vom *„Armen Lazarus und dem Reichen Prasser"* (Lukas 16, 19–31) und in dem Ruf Christi: *„Wehe euch, ihr Reichen!"* (Lukas 6, 24 a) vor der Höllenerfahrung:

Der reiche Mann hat sich sorgfältig gegen seine Mitmenschen abgeriegelt und lebt nur seinem eigenen Wohl, dabei übergeht er in seinem perfekten Egoismus den armen Lazarus an seiner Tür. Als beide sterben, geht der reiche Mann zur Hölle, d. h., er fällt in sich hinein, dorthin, wo nichts ist, und dorthin, wo er schon immer war. Er hatte nur für sich gelebt und sich auf diese Art verewigt. Wie sehr beneidet er jetzt den armen Lazarus, den die Engel in den Schoß Abrahams getragen haben, wo er jetzt ruht. Flehentlich bittet er um Erbarmen, aber Abraham sagt dem leidenden, reichen Mann:

„Zwischen uns und euch gähnt eine weite Kluft, sodaß keiner von hier zu euch hinüber kann und keiner von dort zu uns, selbst wenn er wollte."
(Lukas 16, 26)

Der Abstand ist nun unüberbrückbar geworden. Weshalb? Da dieser Mensch frei war! Dieser Mann hatte systematisch das NEIN gewählt und gewollt, er hatte seine Tür vor der Außenwelt verschlossen und so fest verriegelt, daß es den anderen unmöglich war, seine Zitadelle zu betreten. Er hatte den Widerstand gegen die Kommunion gelebt, doch hat er nicht bedacht, daß sich unser Tun auf Erden schon verewigt und daß er sich damit für die Ewigkeit in sich selbst eingeschlossen hatte. Nicht einmal Gott besitzt den Schlüssel als nur er selbst. Der freie Mensch ist der Verwalter und Gestalter seines Wesens und damit seines Schicksals.

Und das ist das Drama des Menschen, meine lieben Freunde, seine Selbstverwaltung und seine Selbstverantwortung. Es gibt nur einen Zugang zu seinem Wesen und nur einen Schlüssel zu dieser Tür, und diesen besitzt nur er allein. Gott kann das geistige Prinzip „Freiheit" für den Menschen nicht aufheben, indem er ihm den Schlüssel abnimmt und die Tür von außen öffnet. Nein, er hat den Menschen frei erschaffen, und so wird er ihn immer respektieren, selbst wenn der Mensch sich sein Gefängnis baut und alle Liebe ablehnen sollte. Unüberbrückbar steht dann die Kluft zwischen ihm und der Seligkeit des Himmels aufgrund mißbrauchter menschlicher Freiheit. Das Evangelium selbst hat es uns gelehrt.

Vielleicht stellt man sich die Hölle auch als eine Kommunion unter bösen Geistern vor, so wie der Himmel die Kommunion unter guten Geistern ist. Keineswegs! Keine Teufelstänze gibt es dort und keinen gemeinschaftlichen Dämonenspuk, sondern es sind menschliche Wesen, die in ihrer selbstgewählten Hölle *ganz allein* sind, in Ewigkeit allein, von sich selbst gefangengehalten in ihrer selbstgeschaffenen Panzerhaut.

Das Evangelium zeichnet uns ein anderes, sehr vielsagendes Bild von der Hölle: Die *Gehenna*. Zwei hebräische Wörter liegen diesem Begriff zugrunde, im wesentlichen ist es aber „Hinnan", der Name eines Tals im Süden der Stadt Jerusalem, das hinter ihren Stadtmauern begann. Der gesamte Unrat der Stadt ging über diese Mauern und machte das Hinnan-Tal zu einer ekelhaften Müllkippe von „höllischem Gestank", wo sich Ungeziefer und Ratten tummelten und ein stinkendes Feuer Tag und Nacht brannte, um alles zu vernichten, was *wertlos* war.

Jeder Mensch, der Jerusalem verließ, mußte diesen Weg gehen, und manchem wurde es dabei speiübel wie uns heute in der Nähe einer Abdeckerei. Wenn CHRISTUS ausdrükken wollte, was die Hölle für den Menschen bedeuten könnte, dann sprach er von der Gehenna, dem Auswurf der Gesellschaft, etwas, das sich nicht integrieren läßt, weil es der Natur und dem menschlichen Leben entgegengestellt ist, etwas, das ausgespien und dem Wurm und dem Feuer überlassen werden muß... Wichtig ist, daß die Gehenna ein „Außenbezirk" ist, ein Gebiet außerhalb der menschlichen Gemeinschaft für deren Ab-fall und Aus-schuß.

Wie wir wissen, umschlossen und schützten die antiken Stadtmauern die Menschen, die sich in ihrem Innern familiär und brüderlich miteinander in Kommunion befanden. Oft spricht die Bibel von diesen Mauern als Sinnbild für die beiden Arme einer Mutter, die ihre Kinder abschirmt gegen das Böse. Wer sich jenseits der fest verrammelten Stadttore befand, war demnach von der Kommunion ausgeschlossen, und das geschah tatsächlich hin und wieder: „Wenn du dich nicht auf unsere brüderliche Gemeinschaft einstimmen kannst, dann wirst du hinausgeworfen in die Gehenna!"

Vor mehr als dreißig Jahren habe ich in Hadra bei Alexandria während eines Pfadfinder-Ferienlagers eine Ahnung davon bekommen. Eine Gruppe von Jungen versuchte, das Gleichnis vom unnützen Knecht aus dem Evangelium darzustellen, der hinausgeworfen wird in die Dunkelheit, in die Einsamkeit. Ein Ring von Jungen bildete die Stadtmauer, und in seinem Zentrum spielte im Schein eines Feuers diese Szene. Doch ich war über die Regie dieser Jungen sehr erstaunt, denn in dem betreffenden Moment, in dem dieser unnütze Kerl gepackt und hinausgeworfen werden sollte, berührte ihn niemand! Sie setzten die Höllenstrafe in eigenes, freies Handeln um. Niemand packte ihn, sondern *er ging von selbst*, er verließ die Gemeinschaft, brach den Ring auf, ging fort und verlor sich in der Dunkelheit.

Noch heute, nach dreißig Jahren denke ich an diese Szene, denn diese Jungen hätten nichts Genialeres als dieses Bild für die Selbstverdammung des Menschen erfinden können. „In die Hölle gehen" heißt nicht, von Dämonen gepackt und nach draußen geworfen zu werden, sondern der Mensch verläßt nach eigenem, freien Entschluß in völliger Unabhängigkeit den Kreis der kommunizierenden Menschen. Er wendet sich ab von Freundschaft und Brüderlichkeit, er entfernt sich von dem Liebesfeuer, das für alle brennt und alle miteinander verbinden will. Er verläßt das Licht, die Wärme, die Gemeinschaft, niemand „jagt ihn zum Teufel", das gibt es nicht. Weder Gott noch ein Engel mit Flammenschwert, noch der Satan selbst „wirft uns in die Hölle", denn sie ist *unsere freie Wahl,* die wir allein treffen, sie ist unser ganz persönlicher Schritt, den wir allein tun. Die Hölle bedeutet für uns das Überschreiten jenes Kreises der Gemeinschaft, genau wie es diese jungen Alexandriner dargestellt hatten, um der eigenen Unabhängigkeit willen – doch ein Leben in Nacht und Einsamkeit wird die Folge sein.

JUDAS im Jerusalemer Abendmahlsaal! Der Kreis der Zwölf um *JESUS,* in Liebe verbunden feiern sie die Eucharistie – doch für JUDAS gibt es da zu viel Liebe. Er nimmt Frontstellung gegen das, was geschehen soll, er steht im inneren Widerstreit mit diesem Erlebnis, er ist nicht fähig zur Kommunion – *er will nicht.* CHRISTI Einladung zur Kommunion irritiert ihn, sie reizt ihn, denn sie bedeutet in ihrer Harmonie das genaue Gegenteil dessen, was er in seiner Brust empfindet. JUDAS geht. Niemand wirft Judas hinaus, er selbst entscheidet, die Feier zu verlassen und sich von den anderen zu entfernen – für immer. Hinter JUDAS fällt die Tür ins Schloß,

„... *und es war Nacht."* (Johannes 13, 21-30)

Den heiligen *JOHANNES* interessieren keine meteorologischen Angaben, er gibt uns keine Information über Zeit und Tageslicht dieser Stunde. „Nacht", „Finsternis" und „Licht" sind für *JOHANNES* tief symbolische Begriffe. Die Nacht ist immer das Böse. Wer also „in die Nacht hinausgeht", geht in seine eigene Hölle hinein; er hat für seine Person die Dunkelheit gewählt und übergibt sich damit dem „Höllenfürsten", dem „Fürsten der Finsternis".

Meine lieben Freunde, im allgemeinen stellt man sich die Hölle als ein loderndes Feuer vor. Ich mag dieses Feuerbild nicht, auch wenn es in der Bibel verwendet wird und durchaus seine Berechtigung hat, denn es peinigt den Menschen, es züngelt durch sein Inneres, er erlebt sein Unheil. Es gibt noch einen anderen Vergleich, der noch höllischer ist und für mich noch treffender: Die Kälte! Feuer bedeutet Wärme, es ist noch immer Leben, sogar die Liebe wird als „Feuer brennender Sehnsucht", „Liebesglut in meinem Herzen" dargestellt. Kälte ist Lebensferne, Kälte ist eisiges Schweigen – und das ist „Hölle". Wie stellt *DANTE* in seiner „Göttlichen Komödie" das Inferno dar? Auch er läßt im innersten seiner Höllenkreise kein Feuer lodern, sondern starre Eiseskälte füllt ihn aus. Desgleichen läßt *BERNANOS* den Satan von sich selber sagen: *„Ich bin die Kälte"* (in „Unter der Sonne des Satans"), als Höllenessenz also die unerträgliche Kälte! Kälte, das ist ein gegen jede Gefühlsregung in allen Bereichen von Kommunion verschlossenes, davon erkaltetes und erstarrtes Herz.

Und jetzt wird sich mancher schon gefragt haben:

„Wenn Gott das Risiko der Freiheit nicht umgehen konnte, als er uns als geistige Wesen schuf, warum verhinderte er dann nicht wenigstens den tragischen Ausgang und läßt in seiner unendlichen Güte alles Fehlgeschlagene zurückkehren ins Nichts?"

Hierauf kann ich zweimal antworten:
Erstens: Die göttliche Weisheit beschloß das ewige Sein des Menschen. Der Mensch muß leben, jede Existenzform ist für ihn besser als sein Untergang, seine Auflösung im Nichts. Wahrscheinlich hält Gott selbst das Unglücklichsein besser für uns als das Nichtsein, und eines Tages werden wir den Grund dafür erfahren. Heute befriedigt niemanden diese Antwort.
Zweitens: Wenn Gott liebt, dann liebt er für immer. Alles, was existiert, wurde von Gott erschaffen, und „erschaffen" ist für ihn gleichbedeutend mit „lieben". Wir Wesen sind ein immerwährender, göttlicher Liebesakt und haben dort, in

Gott, unser Bestehen. Göttliche Liebe ist Vollkommenheit, sie kennt also kein Bedauern und kein Zurücknehmen, sondern sie ist und wirkt ewig. Die göttliche Liebe ist treu, sie ist ihrem Wesen nach ewige Treue. Sagen wir uns deshalb:

Gott liebt mich, und das heißt für immer und ewig. Niemals wird er seine Liebe, die mich in die Existenz gebracht hat, von mir abziehen; und weil es göttliche Liebe ist, deshalb hat mein Leben Ewigkeitswert.

Selbst *die Existenz des Verlorenen in der Hölle* ist an diese Liebe gebunden, die das göttliche Herz für ihn empfindet, und auch diese Liebe wird niemals zurückgenommen werden. Gott liebt diesen Unglücklichen in alle Ewigkeit, er bleibt sein Sohn, sein Kind. Wie könnte er ihn fallenlassen! „Hölle" bedeutet nicht die Abwesenheit der Gottesliebe, sondern ihre Zurückweisung! Der Mensch verweigert sich Gott, leistet Widerstand gegen das Angebot der Liebe, er will ihr nicht zustimmen, sie nicht annehmen, doch wird er in alle Ewigkeit von Gott geliebt werden. Diese Gottesliebe wird dann sein Leiden sein, das ihn zermürbt, weil er nicht antwortet. Was in seinem Innern brennt, ist kein Satansfeuer, sondern die Gottesliebe.

Es gibt keine zwei Feuer drüben auf der andern Seite, das Liebesfeuer Gottes und das Höllenfeuer, sondern nur ein einziges: *Die Liebesglut des göttlichen Herzens.* Doch hat dieselbe Glut verschiedene Wirkungen: Die einen erwidern sie und verschmelzen mit ihr, sie sind „im Himmel"; die andern lassen sich von diesem Feuer reinigen, sie befinden sich im Läuterungsprozeß; und wieder andere, die sich hartnäckig gegen die Liebe stemmen, empfinden „Höllenqual", weil sie sich von dieser alles erfüllenden Liebesglut verzehrt fühlen – es gibt dort kein Entkommen mehr, keine Flucht vor Gott. Dasselbe Feuer brennt für alle, die einen nehmen es an, die andern weisen es ab.

Ich erinnere an das *CHRISTUS*-Gleichnis vom „*Verlorenen Sohn*", der heimkehrte. Es war der Tag gekommen, an dem dieser junge Mann an seinem mißglückten, freien Leben und an seiner Einsamkeit zu leiden begann, doch am tiefsten quälte ihn sein Verrat an der väterlichen Liebe. Jetzt erkannte er, daß der Vater ihn niemals zu lieben aufhören werde und daß er deshalb im Widerspruch zu dieser Vaterliebe lebte – und ewig leben werde! Unveränderlich wird es dieselbe Liebe sein, die ihm aus dem väterlichen Herzen als ein immerwährendes Angebot zufließt. Seine Erkenntnis bekehrte ihn.

Ich erinnere auch an *die beiden Apostel PETRUS und JUDAS*. Bedauernswerter, armer *PETRUS!* Bedauernswerter, armer JUDAS! Beide habt Ihr Euren Meister verraten, verleugnet, verkauft; beide wart Ihr Sünder! Und mit demselben Blick der Liebe schaute Euch CHRISTUS in die Augen... Der Unterschied zwischen diesen beiden Männern bestand in der Reaktion auf diesen Blick, der beide traf. *PETRUS* brach zusammen und löste sich in Tränen auf – seine Reue war die Umkehr. JUDAS dagegen zog sich noch mehr in sich zurück, sein Herz verhärtete sich derart, daß er nicht mehr zu retten war. Wie ist es möglich, daß Anwesenheit und Blick des Meisters zwei so voneinander verschiedene Reaktionen auslösen können?

Manchmal glauben wir, daß CHRISTUS, der doch unser Retter ist, sich am Ende der Zeiten plötzlich als unser Richter verwandelt. Für eine gewisse Zeit ist er reine Barmherzigkeit, doch eines Tages wird das Gericht über uns hereinbrechen, er richtet uns... Nein, meine lieben Freunde, derselbe CHRISTUS ist Retter von Ewigkeit zu Ewigkeit, und sein Heil wirkt in dem Maße, in dem es angenommen oder abgelehnt wird. *Alle „Verdammnis" des Menschen entspricht der freigewählten Ablehnung des angebotenen Heils und ist daher eine Selbstverdammnis.*

„Das Licht ist in die Welt gekommen, die Menschen aber wollten lieber die Finsternis als das Licht, denn ihre Werke waren böse." (Johannes 3, 19)

Das ist das Weltgericht! Der *Mensch* vollzieht es, der Mensch richtet sich selbst. CHRISTUS sagte uns, daß er nicht gekommen sei, um die Welt zu richten, sondern um sie zu retten! Indem Du aber dieses Christusleben zurückweist, richtest Du Dich selbst und verdammst Dich. JUDAS hat sich selbst verdammt vor dem Blick der Liebe, der ihm geschenkt wurde. Er verweigerte sich diesem Blick und entfernte sich. Sein Herz bevorzugte die Finsternis, es hielt sich abgedichtet gegen das Licht. Das ist unsere *schreckliche* und *tragische* Freiheit, meine lieben Freunde. Letztlich offenbart uns die Hölle, was Freiheit bedeutet. Nur die Hölle offenbart uns, was der Mensch wirklich ist. Nur die Hölle offenbart uns, was Liebe ist. Nur die Hölle offenbart uns, was Würde ist.

Gern hätten wir ein süßes Leben mit einem rosa HAPPY END wie auf manchen Filmstreifen aus Hollywood. Doch welchen Wert hätte unser Leben, wenn es diese tragische Möglichkeit der Hölle nicht gäbe, die Möglichkeit des NEIN? Was wäre der Wert eines unfreien Menschen? Wir wären Marionetten in den Fingern einer göttlichen Allgewalt, die uns tanzen ließe. Durch das Prinzip der Freiheit erkennen wir aber zugleich die tragische Seite unserer Existenz, und wir müssen sie akzeptieren; diese Tragik ist Teil unseres Daseins, und wir sollen vor der Möglichkeit der Hölle unsere Augen nicht verschließen.

Ob es die Hölle wirklich gibt, ob es Menschen gibt, die dort ewig an sich selber leiden müssen, kann ich nicht sagen, ich weiß es nicht. Nichts weiß ich, und niemand kann es mir sagen, weil es niemand wissen kann. Sollte es wirklich Menschen von solcher innerer Grabeskälte geben, daß sie sich bis zur perfekten Lichtundurchlässigkeit verbaut haben? So fest, daß nicht einmal die Gottesliebe einen Spalt gefunden hat, um dieses Herz zu erfüllen und zu retten? Ich zweifle daran. Ich kann mir nicht vorstellen, daß es solche menschliche Wesen unter uns gibt. Das ist mein Glaube, doch wissen kann ich es nicht.

Die Möglichkeit der Hölle bleibt bestehen, denn es gibt für uns als freie Wesen die Möglichkeit des NEIN. Durchdenken wir dieses NEIN genau: Wenn es sich nicht ständig als Möglichkeit anbieten würde, dann würde auch der ganze Rest mit allen JA nichts taugen! Welchen Wert hätte ein JA, wenn es daneben nicht die Möglichkeit des NEIN geben würde? Und ohne Wahlmöglichkeit hörten wir auf, Menschen zu sein.

Freiheit ist Risiko. Gott hat in seiner Weisheit so entschieden, er hat sich für das Risiko entschieden. Gott hätte nach der Erschaffung des Tieres wohl die evolutionäre Entwicklung dort anhalten können. Ist es nicht vorstellbar, daß es den Menschen nicht gäbe? Dann wäre das Tier das höchste Lebewesen, ein irdisches Glück vollkommener Bedürfnisbefriedigung in ewiger Wiederholung immer auf derselben Stufe. Mit der Erschaffung des Menschen aber ging Gott ein Risiko ein, und wir müssen sagen: Gott ging dieses Risiko *für* den Menschen ein und *mit* ihm. Gott und Mensch sind einbezogen in dasselbe riskante Geschehen, und das ist

DAS ENGAGEMENT GOTTES.

Gott schuf die Freiheit und engagierte sich zugleich in diesem Freiheitsdrama auf unserer Erde. *Gott steht mit dem Menschen in der Szene:*

> *„Und das WORT ist Fleisch geworden und hat unter uns gewohnt."* (Johannes 1, 14a)

Gott ist sogar noch weiter gegangen, meine lieben Freunde. *PAULUS* schreibt an die Korinther:

> *„Er macht Den, der von der Sünde nichts gewußt hat, für uns zur Sünde, auf daß wir durch Ihn vor Gott Gerechte würden."* (II Korinther 5, 21)

Sünde! ... Es war noch nicht genug für *CHRISTUS*, in unser Fleisch herabzusteigen und tief in uns hinein bis zur Mitte unseres zersplitterten Wesens; es war noch nicht genug für ihn, sich mit unserer komplizierten Geschichte zu verbinden und mit der persönlichen Geschichte eines jeden von uns, sondern er ließ sich noch tiefer sinken bis zur Sündenzone des Menschen, und dort hat er sich von ihr beflecken lassen, sein Gesicht, seinen Leib und sein Herz. „Zur Sünde selbst" ist er für uns geworden, lehrt uns *PAULUS*, und *JOHANNES DER TÄUFER* „sah" am Jordanufer die Weltsünde, die *CHRISTUS* von der Welt hinwegnahm und auf sich ableitete:

> *„Seht das Lamm Gottes, das hinwegnimmt die Sünden der Welt!"* (Johannes 1, 29 b)

Nicht auf seinen Schultern trägt er unsere Sünde wie etwas Äußeres, das man auf ihn türmte und dem er sich willig beugt, sondern er trägt eine uns vollkommen *unvorstellbare Last* als ein unendlich tiefes Leid in seinem Herzen. Als *CHRISTUS* gekreuzigt wurde, wurde in ihm die Sünde gekreuzigt, und der Sünder starb in ihm. *CHRISTUS AM KREUZ – das ist die sterbende Weltsünde.*
Vollendete Tragik! Und so schwer zu verstehen! In diesem *CHRISTUSTOD*, meine lieben Freunde, finden wir das Mysterium der Hölle, denn auf dem Höhepunkt seiner Einsamkeit und seines Leidens stieß er den Verzweiflungsschrei aus:

> *„Mein Gott, Mein Gott, warum hast Du Mich verlassen?"* (Markus 15, 34)

Und das ist der *Klageruf des Verlorenen*, der aus dem Innersten der Hölle heraufdröhnt, meine lieben Freunde. *CHRISTUS*, Sohn des ewigen Vaters, der nur aus dem Vater heraus lebt, in ihm und durch ihn, der seit aller Ewigkeit im Herzen des Vaters lebt und leben wird, hat in diesem Augenblick die totale Verlassenheit vom Vater erfahren und wurde damit erfahrungsmäßig zum Verdammten; *CHRISTUS* erfuhr die Verdammnis solidarisch mit jenen, die sich von Gott abwenden. Er hat sich selbst zur Sünde gemacht, Gott im Sohn, und bis zu dieser Abgrundtiefe sich mit den Sündern identifiziert. In dieser Minute durchlitt *CHRISTUS* die totale Entfernung von Gott, welche das Leid der Verdammten bedeutet.

CHRISTUS als Verlorenen und Verdammten zu sehen ist, so hoffe ich, keine Blasphemie, denn ich glaube, daß Gott Liebe ist. Und weil sich die Liebe mit demjenigen identifiziert, den sie liebt, und Gott das Risiko der Freiheit für den Menschen eingegangen war, *mußte* er bis in alle Konsequenzen mit ihm leiden – und diese Konsequenz, da sie göttlich und daher vollkommen ist, mußte das Höllenleid einschließen. Bis zum Ausmaß der totalen Nacht und Einsamkeit in der Gottesferne mußte er sich mit dem Sünder gleichsetzen.

Das ist so ungeheuerlich und eigentlich gar nicht möglich, da für uns nicht denkbar. Und doch: Wenn Gott Liebe ist, dann mußte er selbst diesen Schmerz erfahren, bis er seinen Leib erreichte, sein Wesen ganz durchbrannte und sein Herz zerriß. Ich weiß nicht, ob ich das sagen darf, aber ich persönlich glaube, daß selbst im Zentrum der Hölle und zugleich über ihr stehend *JESUS CHRISTUS* zu finden ist, denn er ist gleichzeitig überall, er ist der Pantokrator, also auch *dort* muß er sein! Die Anwesenheit *CHRISTI* dort, sein Leid und seine Verlassenheit wurde von einem Philosophen innerlich erfahren, der *die Stimme JESU* im Herzen vernommen hatte:

„*Bis ans Ende der Welt befinde Ich mich im Todeskampf.*" (Pascal)

Weil der Mensch schon so weit gegangen war, mußte *CHRISTUS* noch weiter gehen, über alles Menschenmögliche noch hinaus! *Im Apostolischen Glaubensbekenntnis sagen wir:*

„*Er ist hinabgestiegen in das Reich des Todes...*",

und das ist richtig, er ist bis in die letzte Höllenzone gedrungen; viel tiefer als ein Mensch die Hölle je erfahren könnte, hat *CHRISTUS* sie erfahren. Die Tragödie von Golgatha ist noch überschattet worden, und diese ist uns Menschen schon *unerfahrbar...* Niemals wird ein

Mensch die *Tiefendimension des Kreuzes* voll erfassen können; weder mit dem Verstand, noch mit dem Herzen können wir uns diesem Mysterium so weit nähern, daß wir es verstehen. Dieses universale Geschehen ist von solcher Höhe, Weite und Tiefe, daß es keinen Menschen gibt, der es ausmessen könnte – nicht heute, nicht morgen, nicht übermorgen. Was sich am Kreuz vollzieht, vollzieht sich jenseits des Begreiflichen, denn es handelt sich um das undurchdringliche, unergründliche Geheimnis des Bösen.

Was CHRISTUS bei einer mystischen Begegnung zur heiligen KATHARINA VON SIENA sagte, das sagt er auch uns:

> *„Ich bin die Liebe, mein Kind, aber du wirst niemals verstehen können, was das heißt, wie weit meine Liebe gehen mußte, denn du kennst nicht die Abgrundtiefe, die sie birgt.*
> *Glaube mir, ich habe mir kein Vergnügen daraus gemacht, dich zu lieben."*

Göttliche und menschliche Freiheit

In diesem letzten Kapitel beschäftigen wir uns mit dem problematischen Thema des gleichzeitigen Bestehens von göttlicher und menschlicher Freiheit. *SARTRE hält dies nicht für möglich.* Er behauptet, daß er, *SARTRE*, nicht frei wäre, wenn Gott als ein freies Wesen wirklich existierte und umgekehrt: Wenn er, *SARTRE*, gänzlich frei wäre, dann könne es weder einen Gott noch eine göttliche Freiheit geben. *SARTRE* empfindet scharfen Widerspruch zwischen diesen beiden Freiheiten.

Erleben wir diesen Konflikt nicht schon zwischen zwei menschlichen Freiheiten? Stößt sich nicht meine Freiheit an Deiner und Deine an meiner? *HEGEL* stellt sich in seiner bekannten *Dialektik vom Herrn und Sklaven* einen Menschen vor, der zu Beginn der Schöpfung ganz allein durch schöne Wälder streift und ein freies Leben führt. Wenn Sie wollen, nennen Sie ihn *ADAM; ADAM* singt und tanzt, aber eines Tages steht er plötzlich einem anderen Menschen gegenüber, der dieselben Wälder in derselben Freiheit genießt. Sie kommen ins Gespräch und besingen beide ihre Freiheit, doch nicht für lange Zeit, denn sie stellen fest, daß das, was ist, nicht möglich ist. Nur einer von ihnen kann Herr über diese Wälder sein, nicht beide. Nur einer von ihnen kann frei sein, nicht beide. Der Kampf bricht los, sie ringen miteinander, bis einer den andern überwindet und nach einem Stein greift, um ihn zu töten. Dieser fleht um sein Leben und bietet es dem andern als ein Sklavendasein an. Die Freiheit des einen erlischt, indem er der Sklave des andern wird.

So erklärt *HEGEL* mittels dialektischer Philosophie die menschliche Geschichte als ein Pendelschwingen vom Herrn zum Sklaven und vom Sklaven zum Herrn. Eines Tages nämlich wird der Sklave seinen Herrn bis ins letzte kennen und den ganzen Mechanismus seiner Macht über ihn so gut verstanden haben, daß er ihn anwenden wird – gegen seinen Herrn. Dann wird er sich seinen Herrn unterwerfen und ihn zum Sklaven machen. Nach *HEGEL* dreht sich das Rad der Geschichte über diese Achse – dialektische Spannung zwischen einem Stärkeren und einem Schwächeren, und dieses politische Bild offenbart uns die heutige Welt tatsächlich und scheint die Hegelsche Analyse zu rechtfertigen.

Unsere geschichtliche Erfahrung haben wir auf das religiöse Feld übertragen. Gottes Macht ist omnipotent, er ist das stärkste aller Wesen, deshalb kann ich nur als Sklave vor ihm knien, und es kann keine Freiheit meinerseits geben – eine Koexistenz beider Freiheiten ist nicht möglich. Um selbst frei zu werden, gäbe es nur eine Alternative: Ich müßte Gott entthronen und töten. Der Tod Gottes – ein Traum des freiheitsdurstigen Menschen, der sich seine Freiheit selbst erringt, indem er Gott entmachtet. Diese Beseitigung Gottes nennen wir den *Atheismus*, der gleichbedeutend ist mit dem Sieg der menschlichen Freiheit über die Gottesmacht. Die letzten beiden Jahrhunderte haben es lautstark verkündet und in genügendem Maß demonstriert.

FREUD hat dasselbe in seinem *Mythos vom sadistischen Vater* erklärt. Der sadistische Vater ist Gott, der sich darin gefällt, den Menschen zu Boden zu schmettern und zu zerquetschen, er will ihn leiden machen. Wenn wir auch vom religiösen Bereich sprechen, so erkennen wir doch mit *FREUD* schon auf psychologischer Ebene den sogenannten Vatertod, der ersehnt wird. Der junge Mann will sich neben seinem Vater behaupten, den er als Rivalen empfindet; er hat die Wahnvorstellung, der Vater beherrsche und unterjoche ihn, er bedrohe seine Autonomie, und er möchte doch um jeden Preis unabhängig sein! Dieser Wahn des Jugendlichen gipfelt in dem unbewußten Verlangen, den Vater aus der Welt zu schaffen.

Es scheint, daß es sich bei der *Mensch-Gott-Beziehung* ebenso darstellt. Der Rivale muß beseitigt und vergessen werden, denn wird er nicht der „Allmächtige" genannt, gebietend über den Lauf der Welt und das Geschick des Einzelnen? Ist der Mensch nicht programmiert, eine ganz bestimmte Rolle zu spielen in diesem Gottesdrama, das man

Geschichte nennt? Gott, der alles nach seinem Willen lenkt, wie die Heilige Schrift es nennt, hält meinen Lebenslauf wie einen Rollenzettel in der Hand, auf dem meine Existenz schon steht, Punkt für Punkt und bis ins letzte Detail, ich habe die Rolle nur noch herunterzuspielen, so wie sie geschrieben steht. „MAKTUB", sagt man in der arabischen Welt, das heißt: „... denn es steht so geschrieben, wir können nichts daran ändern." Weshalb soll ich also Ideen entwickeln und eingreifen, etwas verändern wollen? Wozu? Mein Eingreifen wäre sinnlos, denn alles steht schon geschrieben – MAKTUB!...

Ist das nicht der Glaube vieler unter uns? Wir haben einem Leben zuzustimmen, das Gott wie ein großes Schachspiel mit uns spielt. Wir sind die Bauern, die hin- und hergeschoben und teilweise hinausgeworfen werden! Unser Schicksal ist besiegelt, weil Gott der Spieler ist. Heute nennt man das ganze „den Willen Gottes", früher sagte man „Vorsehung". Und diese göttliche Vorsehung sah neben allen Einzelheiten eines Lebens auch sein Ziel voraus, Himmel oder Hölle. Verständlicherweise revoltiert der heutige Mensch gegen diese Vorstellung und räsonniert:

„Wenn Gott mein Leben von der ersten Stunde bis zur letzten kennt, wo ist dann meine Freiheit?"

Die dringende und sehr einfache Antwort, die sofort Licht in dieses Problem bringt, muß heißen:

„Gott kennt Dein Leben, doch heißt das nicht, daß es dann nicht Dein Leben wäre, das Du lebst, sondern Gott kennt im voraus alle Deine Entscheidungen, er weiß, wie Du reagieren und wählen wirst."

Beispiel: Denken Sie an eine Mutter, die in einem Kaufhaus ihre Tochter vor die Auswahl eines Kleides stellt, das sie ihr kaufen möchte. Seit dem ersten Augenblick weiß die Mutter, nach welchem Stück der angebotenen Kollektion die Tochter greifen wird, und so geschieht es. Gott kennt und liebt uns noch unendliche Male tiefer, als eine Mutter es vermag, er weiß im voraus unsere intimsten Wünsche, und alle unsere Pläne kennt er, so wie *DAVID* es besungen hat:

> *„Herr, Du erforschest und erkennest mich, Du weißt es, ob ich sitze oder stehe, durchschaust, was ich für ferne Zukunft plane, Dir sind vertrauet alle meine Wege..."* (Psalm 139)

Transparent wie Glas sind wir für unseren Schöpfer, liebe Freunde! Seine unendliche Liebe liest allezeit in unseren Herzen und kennt unsere Wahl. Doch sind wir deshalb nicht weniger frei! Oder wurde das Mädchen durch das heimliche Wissen der Mutter in seiner Wahl gebunden oder bestimmt? Nein, es hat im vollen Bewußtsein seiner Unabhängigkeit und Freiheit dieses eine Kleid gewählt und kein anderes – und die Mutter wußte es.

Das göttliche Vorauswissen ist keine Vorbestimmung und keine Wegbestimmung! Das müssen wir gut auseinanderhalten! Gott kennt alle unsere Entschlüsse und Wege, die wir gehen werden, wir sind und bleiben aber ganz frei, frei handelnd stehen wir vor Gottes Angesicht.

Vermutlich werden Sie sich jetzt fragen, ob bei so viel menschlicher Freiheit Gott noch allmächtig sein kann. Ihre Frage ist berechtigt. Gott hat tatsächlich von seiner Allmacht eingebüßt, als er geistige Wesen schuf und sie mit der Freiheit beschenkte. Er hat sich damit selbst gebunden, und ich gehe so weit zu sagen, daß Gott nicht mehr allmächtig ist, seitdem er unsere Welt erfand und seitdem er diese spontane Wahlmöglichkeit dem Menschen ins Herz gab, die man Freiheit nennt. In seiner erhabenen, göttlichen Freiheit hat Gott sich entschieden, zugunsten des Menschen selbst nicht mehr frei sein zu wollen. Und wie ist der Mensch dieser Machtfülle begegnet, die über ihn kam? Ist die Sünde etwas anderes als praktisch angewandte Freiheit, ein NEIN zu Gott, das Gott akzeptieren muß? Die Freiheit Gottes bleibt vor der Tür eines menschlichen Herzens stehen, d. h.

vor der menschlichen Freiheit – und damit vorm „Höllenportal", wie wir es im vorhergehenden Kapitel zu erläutern suchten. Gott entschied sich in seiner souveränen Freiheit für die Unfreiheit, aber in gewisser Beziehung ist die Allmacht Gottes auf diese Weise viel stärker und wirksamer, als wenn sie auf vollkommen passive Wesen träfe...

Beispiel: Wenn ein Mechaniker einen Motor zusammenbauen muß, dann ordnet er die Einzelteile und setzt sie dann nacheinander an den für sie bestimmten Platz. Langsam, gleichmäßig fortschreitend nimmt der Motor Gestalt an. Stellen Sie sich aber vor, diese Einzelteile wären *freie* Wesen und so eigensinnig und widerspenstig wie wir, sie würden ihm aus der Hand springen und keck vor ihm hertanzen; einige versteckten sich vor ihm oder würden sich völlig seiner Reichweite entziehen. Der Mechaniker könnte diesem Nervenstreß nicht lange standhalten, denn er ist nicht Gott, und seinen Motor bekäme er wohl nie zusammen!

Gott ist jemand, der mit lebendigen Teilen arbeitet, die ihre eigenen Tänzchen vor ihm tanzen. Er ist dabei, das Gottesreich aufzubauen, er will sein Werk zur Vollendung bringen, die „Neue Stadt", das „Himmlische Jerusalem", den „Neuen Himmel und die Neue Erde" nach *JOHANNES*. Der Nachteil ist nur, daß die Teile Geist und Leben in sich haben und demnach frei sind, sich seinem Willen zu entziehen oder sich ihm anzuvertrauen. Die einen geben ihr JA, andere feilschen mit ihm und erklären sich nur zur Hälfte bereit, was absurd ist! Und die ganz Halsstarrigen entziehen sich ihm ganz, sie sagen NEIN. Und wie reagiert Gott? Überwältigt, zähmt, forciert er sie? Nein, er wartet. Gott wartet. Göttliche Geduld ist unendliche Geduld, Liebesgeduld. Hoffend und liebend betrachtet er die Weltszene und respektiert unsere Freiheit.

Bedenken wir dabei das Genie Gottes! Mit 4½ Milliarden solcher Teilchen arbeitet er, um das *NEUE REICH* zu gestalten, und bedenken wir dabei sein Leiden! Ich sage „Genie", denn trotz des Widerstandes der vielen ist der Fortschritt unserer Geschichte sinnfällig. Die göttliche Geduld bringt es dennoch fertig, die Menschheit insgesamt voranschreiten zu lassen, daß sie wächst und mehr und mehr erwacht. Das Gottesreich gestaltet und entfaltet sich mehr und mehr.

Sagen wir nicht „Gott *hat* die Welt erschaffen", denn er erschafft sie alle Augenblicke! Wievielen göttlichen Plänen haben sich die Menschen schon widersetzt, doch Gott erfindet unermüdlich neue Wege. Die anfängliche Erschaffung des Seins aus dem Nichts ist nicht erstaunlicher als Gottes ununterbrochene Neuschöpfung, sein Nach-Erschaffen, sein Nach-Erfinden – und hier kommt die Freiheit des Menschen ins Spiel!

Sagen wir nicht „Gott treibt ein seltsames Spiel mit uns", denn wir sind es, die dieses seltsame Spiel mit ihm treiben. Wir Menschen machen Geschichte, eine seltsame Geschichte, und wir sind für sie verantwortlich.

Wenn wir auf unser persönliches Leben zurückblicken, dann haben wir zuweilen den Eindruck, daß es genauso verlaufen mußte und daß alle aufeinanderfolgenden Ereignisse Gottes Fügung waren. Mit demselben Blick betrachten wir die geschichtliche Vergangenheit. Es hat einen *ABRAHAM* gegeben, einen *MOSES* und einen *JESUS,* es hat einen *NAPOLEON* gegeben, einen HITLER und einen NASSER, „MAKTUB" – so stand es geschrieben. Nein! Nein! Die Kriegsinitiative HITLERS stand ebensowenig geschrieben wie die ägyptische Revolution; der Mensch entscheidet in vollkommener Freiheit, etwas Bestehendes zu vernichten und etwas Neues zu gestalten. *ABRAHAM* hätte ebensogut NEIN sagen können, er war frei. *MARIA* desgleichen, sie hätte ablehnen können. Es wäre für mich denkbar, daß es vor ihr viele andere *MARIAS* gegeben hat, die ihr JA nicht geben wollten.

So meinen manche, daß das Leben des *JESUS VON NAZARETH* ein genau vorbestimmtes, *fest fixiertes Erlösungsprogramm* gewesen war. Mit 33 Jahren mußte er sterben, es stand so geschrieben. Nein! Das sagt auch *ROMANO GUARDINI* in seinem außergewöhnlich guten Buch „Der Herr", das seit über 40 Jahren aktuell ist: Das Schicksal *JESU* war *nicht* vorbestimmt, er hätte auch im Alter von 80 Jahren sterben können! Doch er starb schon nach 33 Jahren, weil seine Mitmenschen es so entschieden hatten. Auch seine Todesart stand nicht geschrieben, doch waren die Menschen blind und grausam genug, um das Schlimmste für ihn auszuwählen – das Kreuz. Sie hatten gegen das Licht und die Reinheit der Botschaft *JESU* genügend Widerstand gesammelt, der sich zur totalen Blockade zwischen ihm und ihnen verdichtete, und in diesem Moment nahm der tragische Lauf seinen Anfang. Es gab keinen anderen Weg mehr für *JESUS* als den Kreuzweg.

Als er mehrfach seinen Jüngern gesagt hatte, daß alles so kommen müsse, wollte er damit nicht sagen, daß Gott es so für ihn entschieden hat, sondern er wollte andeuten, daß er die Bosheit der Menschen und den zähen Widerstand dieses Volkes kannte und voraussah und daß daher alles so kommen müsse. Der einzig mögliche Weg aufgrund der Sünde des Menschen war der Kreuzweg unseres Herrn.

Auch Gott wußte es. Auch die alten Propheten wußten es. Sie hatten das Lebensdrama um den verheißenen Messias vorausgeahnt und alles so kommen sehen. Sie kannten Mensch und Welt tief genug, sie hatten den tragischen Ausgang genau prophezeien können. JESUS hat nicht ihre Prophezeiungen erfüllt, die geschrieben standen, sondern die Propheten hatten ihre Pflicht erfüllt, das Vorausgesehene niederzuschreiben. Der Prophet sieht im Spiegel der menschlichen Freiheit voraus, was kommen muß. Er ist so feinfühlig und feinsinnig, daß er die Zukunft ent-deckt, ent-schleiert, er besitzt Vorauswissen über die zukünftigen Entscheidungen des Menschen und „schaut" damit die Ereignisse vor ihrer Manifestation in Raum und Zeit.

FAIRE L'HISTOIRE... Immer sind es unsere Wahlakte, die Geschichte machen, der Mensch stellt die Uhren und Weichen und zwar ausgehend von seiner ganz persönlichen und privaten Sphäre. *JESUS* ist da, mehr Zuschauer als Akteur, er kontempliert dieses Weltdrama einer verdunkelten Menschheit, und nur ein Wunsch brennt in seinem Herzen: „*Könnten sie doch verstehen!*"

Hier mischt sich das Böse ins Geschehen, das berüchtigte Problem des Negativen neben dem Positiven. Man sagt: „*Wie kann Gott nur das Böse zulassen?*" Als ob er es verhindern könnte! Nein, er kann es nicht verhindern, und er ist der erste, der daran leidet, wenn es den Menschen erfaßt. Gottes Schwäche gegenüber dem Bösen ist etwas

Unergründliches für uns, doch nach ihm selbst griff das Böse, nach seinem Leib, seinem Leben. Er konnte auch das nicht verhindern aufgrund der menschlichen Freiheit, so wie er das Böse nicht von uns fernzuhalten vermag.

Nahezu ununterbrochene Kriegsmeldungen erreichen uns, gnadenlose Gewaltakte empören uns, weltweites Flüchtlingselend erschüttert uns, *und der Mensch steht als Regisseur in der Szene,* denn im menschlichen Herzen agiert das Böse. Warum Hungerkatastrophen? Es gibt Nahrung genug auf unserem Planeten, um selbst die ausgedehntesten Hungergebiete zu sättigen, und es gibt den Hunger auch mitten im Wohlstand. Aber das Herz des Menschen erfindet falsche Methoden und Sozialstrukturen und verteilt entsprechend die Güter. Alles bietet unsere Erde, doch der menschliche Egoismus wirkt wie ein ätzendes Gift. Die Gier nach Besitz, Genuß und Macht wirkt zerstörerisch – und daran *leidet* Gott! Gott weiß, daß die Verhärtung des Menschen die Ursache allen menschlichen Leidens ist. *Der Mensch handelt selbstzerstörerisch.* Ich fühle mit Sicherheit, daß Gott *tief an uns leidet,* sein Leid ist das Leid des Menschen, der seine Freiheit mißbraucht. Gott leidet an der hartnäckigen Liebesverweigerung des Menschen, die ihm selbst Schaden zufügt. Gott muß auf uns warten, warten...

Es gibt kein zufälliges Los, denn es gibt den willentlich wirkenden Menschen. Gott hat bei der Gründung der Welt den Aspekt der Spontaneität miterschaffen, um den Menschen zu adeln und ihm die Würde zu schenken, selbst Ursache zu sein, um ihn mit der tiefen Freude zu beglücken, sich als Meister seines Geschicks zu erkennen. Aber mit dieser Spontaneität gab es die Freiheit, und mit der Freiheit das Recht des Opponierens und damit die Möglichkeit des Scheiterns, die Möglichkeit des Bösen.

Gelegentlich wird Gott vorgeworfen, er hätte eine vollkommene Welt erschaffen müssen und keine fehlerhafte wie diese. Das steigert sich in den Worten einer gläubigen, französischen Philosophin – *SIMONE WEIL:*

> „Gott hat die schlechteste Welt geschaffen, die möglich war!"

Sie übertreibt gewiß, aber eine vollkommene Welt bewohnen wir auch nicht. Ich denke, Gott hat absichtlich eine unfertige Welt dem Menschen überlassen wollen, daß er sie vollende. Er gab uns das Material und dazu das Instrument der Freiheit, damit wir mit Phantasie und eigenem Mut unser Weltgehäuse zusammenzimmern und beenden sollen. Eine vorgefertigte Welt wäre ein Greuel von Langeweile für den geistbegabten Menschen, in der er apathisch die Gnaden Gottes empfangen würde... Nein, Gott wirft uns ins rauhe Leben hinein und sagt:

„*Kämpfe dich durch!*"

Doch geben wir acht, denn das heißt nicht, Gott würde sich damit zurückziehen! *Gott ist immer allgegenwärtig*, er ist der mit uns Wirkende, ohne zu dominieren, ohne Druck und Gewalt und Verführung von außen, sondern tief in uns ist er das Gewissen, das totz permanenter Resistenz zur Tat anregen will. Gott ist da, er ist unser „co-worker" wie wir der seine, das heißt, es besteht intime Zusammenarbeit zwischen Gott und dem Menschen.

Da werden Sie sich fragen, wer der erste dabei ist, wer beginnt, in diesem Zusammenspiel aktiv zu werden?... Und diese Frage ist sehr schwer zu beantworten. Haben wir nicht den Eindruck, daß wir es sind? Ich persönlich glaube jedoch, daß Gott der erste ist, der die Initiative ergreift, der uns einlädt zu einem Kurswechsel; und trotz allen Widerspruchs gegen diesen göttlichen Rat, trotz meiner Selbstverweigerung, trotz aller Rückläufe in der Geschichte geht es voran! Die Schöpfung zielt nach vorn, sie erhebt sich wie eine Spirale, weil Gott aus ihrem Mittelpunkt heraus am Wirken ist. Der Motor ist die versteckte Gottheit im Weltgeschehen.

Damit aber der Mensch selbstbewußt hervortreten kann, hält er sich deutlich zurück. Wir sagten schon, daß Gott dem Menschen die Würde verlieh, sich selbst zu erschaffen, sich und seine Welt, in die er gestellt wurde, deshalb bleibt Gott ein Mysterium der Diskretion. Er verzichtet darauf, „meß- und wägbar" in Erscheinung zu treten, weil er *den*

Menschen groß sehen will. Das müssen wir begreifen lernen, um Gottes Verhalten zu verstehen, das eine *diskrete Liebeswerbung* ist.

„*Siehe, Ich stehe vor der Türe und klopfe an. Wenn jemand Meine Stimme hört und Mir öffnet, zu dem gehe Ich hinein und halte mit ihm Mahl.*" (Geheime Offenbarung 3, 20)

Diskret und demütig steht er als Bettler vor der Freiheit des Menschen.

Meine lieben Freunde, mögen uns diese geistigen Überlegungen helfen, unsere wahre Freiheit zu erkennen, die uns *den Ernst unserer Existenz* begreifen läßt. Unser persönlicher Einsatz in diesem Lebensspiel ist *von unendlicher Tragweite.* Das Schicksal unseres Daseins und das dieser Erde liegen miteinander verflochten in *unserer* Hand, und Gott ist anwesend in dieser Verflechtung. *Inaktiv und aktiv zugleich, in Leid und Hoffnung erwartet er die Antwort des einzelnen Menschen.*

Gott ist Anwesenheit. Versteckt im Innern unserer Freiheit und unserer mannigfaltigen Wahlmöglichkeiten ist er ein Wesen, das uns zur rechten Entscheidung führen will. Hier manifestiert sich Gott. Unsere Welt wird eines Tages das Gesicht haben, das wir ihr geben, meine lieben Freunde. Nichts gibt es von „außen" oder von „oben" zu erwarten, denn alles Geschehen führt zunächst durch das menschliche Herz, dort keimt und reift es, und durch den menschlichen Verstand, dort arbeitet es, und durch die menschliche Hand, dort wird es geformt und in die Welt gesetzt. Unsere Lebensweise ist immer zugleich Weltgestaltung.

„*Ihr Galiläer! Was steht ihr da und schaut zum Himmel hinauf?*" (Apostelgeschichte 1, 11)

Erwarten wir keine göttlichen Wunder von oben, sondern nehmen wir die Zügel unseres Lebens straff in die Hand und bestimmen wir den Kurs – und das Ziel, denn die Welt erwartet *durch uns* ihre Verwirklichung.

Mit diesen Worten ergeht *ein Appell an Sie alle.* Es gilt, keine Stunde zu verlieren! Unser Land von Morgen wird das sein, wofür wir uns heute noch entscheiden. Die Kirche von Morgen wird die sein, für die wir heute noch aktiv werden. Die Welt von Morgen ist unser heutiges Werk, denn sie entwächst *meiner Freiheit, meiner Wahl.* Ich entscheide heute über die Welt von Morgen. Es gibt keine Geschichte, die sich vor unseren Augen selbsttätig entblättert, und wir sind die Zuschauer wie bei einem Fernsehfilm. Man hat nicht das Recht, nur Weltbeobachter zu sein, Radiohörer und Zeitungsleser, um das, was bereits passiert ist, nachzuerleben! *Geschichte spielt sich nicht vor uns, sondern in und durch uns ab – FAIRE L'HISTOIRE!*

Meine lieben Freunde, die Entscheidung, die Sie heute noch treffen werden, wird ihren Einfluß auf das Leben der Welt und auf das Leben der Kirche haben. *ABRAHAM* und *MARIA* hätten ebensogut NEIN sagen können, und die Geschichte der Menschheit hätte einen anderen Verlauf genommen, desgleichen *FRANZ VON ASSISI*... Stellen wir uns, um nur ein einziges Beispiel zu nennen, unsere Erde ohne den franziskanischen Geist und ohne das weltweite franziskanische Engagement vor!... Und das betrifft *jeden von uns.* Hätte ich im Alter von 16½ Jahren nicht mit JA auf *JESU* Anruf geantwortet, so hätte manches in der Welt einen anderen Lauf genommen, obgleich ich nur ein Atom bin, eine Mikrobe! Dasselbe darf sich jeder von Ihnen sagen:

„*In der Kraft Gottes, die in mir wirkt, wirke ich geschichtsverändernd.*"

Daran glaube ich!

Und vor allem glaube ich daran, daß die göttliche Kraft umso stärker in mir arbeitet und Großes vollbringen kann, je geringer ich mich selber achte und mich dafür in Gottes Aura stelle, um mich ganz von ihr durchstrahlen zu lassen. Dann kann Gott durch mich Wunder wirken, welche wirklich das Weltgeschehen voranbringen werden. Je mehr ich mein *EGO* schmelzen lasse, umso empfänglicher werde ich für die Gottesstrahlung und die Gotteswirkung in mir, ich werde eine offene Passage, ich werde transparent für ihn. Dafür braucht es nicht mehr als mein JA.

Das ist auch die spirituelle Erfahrung *einer großen Mystikerin des 20. Jhs.*:

> *„A la limite de moi – c'est LUI"*
> *„An der Grenze meines Selbst wirkt ER"*
> (Marie-Antoinette de Geuser)

Das ist Ort und Zeit für den Beginn der Gotteswirkung – und durch mich für die *universale Geschichte*.

Meine lieben Freunde, wir nehmen die Freiheit des Menschen noch immer nicht ernst genug. Wir glauben noch nicht an die Folgen unseres persönlichen Handelns, das sich schneller und dauerhafter im Weltganzen fortpflanzt als Ringe im Wasser. Vielleicht helfen uns diese Überlegungen, die wesentliche Entscheidung unseres Lebens zu treffen und unser Herz dem verwandelnden Gottesgeist zu öffnen, damit wir – jeder von uns – Wunder wirken können. Dann wird auch bald eine sichtbare Veränderung an einem bestimmten Ort der Welt stattfinden... an vielen Orten. Gott arbeitet nicht ohne den Menschen, sondern mit ihm und in ganz außergewöhnlicher Weise, sobald der Mensch sich an ihn verschenkt. Ich glaube daran, daß noch heute Entscheidendes seinen Anfang nehmen könnte, wenn Du Dich Gott anvertraust:

> *„Herr, bitte vergib mir meinen zähen Widerstand und meine Vermauerung gegen Deinen Geist, mein Taub-Stellen gegen Deinen liebevollen Anruf und mein dickes Fell, das ich mir wachsen ließ. Viel kostbare Zeit habe ich vergehen lassen und unzählige Gelegenheiten versäumt, mich von Dir erfassen zu lassen, um zu wachsen.*

Endlich will ich meine Freiheit vor Dir niederlegen, und Du weißt, daß sie mir das höchste Gut bedeutet hat. Ich will sie Dir nun schenken, denn ich erkenne, daß ich nur im Selbstverzicht und in der ganzen Hingabe zur wahren Freiheit erblühen kann. Herr, hilf mir bei diesem Selbstvergessen und bei dieser Entsagung. Ich übergebe Dir mein Leben. Dein Wille geschehe. Durchwirke mich nach Deinem Sinn." – Amen –

In diesem heiligen Augenblick wird sich Deine Sicht verändern, und Du wirst die *höchste* und *edelste* Freiheitserfahrung Deiner Existenz machen. Du wirst die Liebesmacht Gottes in Deiner tiefsten Wesenszone spüren, dort wo *GEIST* und *FREIHEIT, GOTT* und Dein *WAHRES SELBST* zusammenwirken – und Du wirst die Erfahrung dieser *Einheit* machen.

Jetzt wirst Du als Mitschöpfer die Welt verändern können, denn mit Gott verwandelst Du Dein Leben.

Die Chance, den Glauben im Zeichen der Liebe neu zu erleben, gibt auch dem Zweifelnden wieder Zugang zum Christentum.

2. Auflage 1989

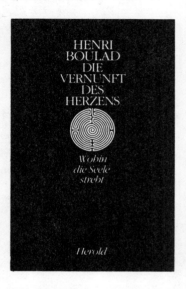

Henri Boulad
Die Vernunft des Herzens
Wohin die Seele strebt
Übersetzt aus dem Französischen
von Hidda Westenberger
216 Seiten, Brosch.,
ISBN 3-7008-0306-0
öS 220,–/DM 30,50

Der Mensch als Freund und Mitarbeiter Gottes und die Opferbereitschaft der Liebe als innere menschliche Triebfeder. Das sind die zentralen Botschaften H. Boulads. Der Autor erweist sich darin als behutsam-verständlicher Philosoph, als weiser Psychologe und moderner Mystiker.

„Boulad gelingt es, abstrakte Wahrheiten in Bildern und Vergleichen konkreter Lebenszusammenhänge einzubinden."

(Die Furche, Wien)

Herold Druck- und Verlagsges. mbH